CW01668322

RETORIKEN I PRAKTIKEN

Övningar

Monica Ekenvall: RETORIKEN I PRAKTIKEN Övningar

Utbildningsstaden, Göteborg

© Utbildningsstaden och Monica Ekenvall
Första upplagan, 2010

Omslagsbild: Ellen Ordell
Illustrationer: Iris Curkovic
Grafik: Björn Ekenvall
Layout: Ulrika Axelsson

Tryck: Utbildningsstaden, Göteborg

ISBN: 978-91-85461-34-9

Innehåll

1

VÅGA TALA – VILJA LYSSNA

Våga tala – vilja lyssna

"Retorik är konsten att välja språk konstruktivt."
Anders Sigrell

Retorik kan definieras som konsten att vad det än gäller övertyga. Res, köp, rösta på mig eller ge mig befordran! Oavsett syftet med våra uppmaningar använder vi själva, och de som vill påverka oss, ett antal av de retoriska grepp som visat sig vara verkningsfulla medel i argumentationssituationer.

Dessutom har retoriken ett fokus på ordkunskap och ordbildning, vilket elever ofta uppfattar som roligt och nyttigt. Att kritiskt granska språkbruk och vända och vrida på orden, språkknåp, är ett handfast och kreativt arbete.

Undervisningen i retorik idag följer den antika skolans intentioner och metoder. Genom studier av den klassiska retoriken och den moderna forskningen i kommunikationsprocesser får vi redskap för att hantera den allt mer komplexa situation vi möter då vi på olika sätt skall informera, påverka och berätta.

Det finns i retoriken utmärkta regelsystem som ger oss handledning i hur man kan förbereda och utarbeta olika typer av tal. Utifrån studier av dessa grundregler kan vi inte bara få verktyg för att hantera vår egen situation som sändare utan också en beredskap för att analysera och genomskåda den påverkan vi själva utsätts för. Retorikens hantverk ger en god utgångspunkt för det fortsatta arbetet med att steg för steg utveckla sina retoriska färdigheter som talare och lyssnare.

Genom en växelverkan mellan studier av andra talare och oss själva som talare blir vi inte bara bättre mottagare och sändare av budskap i t.ex. elev- och yrkesrollen – vi kan dessutom lära oss att på ett mer övertygande sätt kommunicera med andra i livets alla disparata kommunikationssituationer.

Yttrandefriheten ger oss möjlighet att tala. Att få andra att lyssna, reagera och agera är en möjlighet för oss. Ibland är det inte bara en demokratisk rättighet utan också en skyldighet som faller på oss som medborgare – att ta till orda. Våra personliga åsikter och värderingar kan, om de används för att hjälpa andra, vara av stor betydelse. Vi behöver retoriken för att kunna bekämpa rasism, förtryck och vulgärpropaganda och för att genomskåda populistiska partier och säga nej tack offentligt.

"Problemet är inte de onda människornas brutalitet utan de goda människornas tystnad!"
Martin Luther King

Den systematiska talträningen har på många skolor numera lyfts fram på ett allt tydligare sätt. Att öva sig i talekonst steg för steg, i samverkan med andra jämnåriga, är i många avseenden en kurs i personlig utveckling. Genom att arbeta med övningar där det blir en växelverkan mellan talare och åhörare får eleverna en direkt återkoppling på hur kommunikationen har fungerat i olika situationer. Att analysera och i samtal formulera tankar kombinerat med kortskrivande ger möjlighet för eleverna att internalisera erfarenheterna och vidga sin repertoar inför nya talsituationer.

Samtalen om övningarna kan följa en basstruktur där man synliggör progression genom att utgå från några givna infallsvinklar:

Jag – Talanger Anlag Personlighet	→	Analysera	→	Vad fungerar bra? Vad fungerar mindre bra?
Lyssna på talare	→	Analysera	→	Vad är bra? Vad är mindre bra?
Tala	→	Analysera	→	Vad är bra? Vad är mindre bra?
Teorier och strategier	→	Analysera	→	Vilka är relevanta? Vilka är mindre relevanta?

- Elevens självbild: Vem är jag? Vad har jag för talanger, egenskaper och kunskaper som hjälper mig i olika talsituationer? Vad vill jag utveckla, förändra i mitt sätt att framträda inför andra? Vilken är min svagaste sida?
- Lyssna: Lyssna på andra talare och analysera deras styrkor och svagheter. Samtal om de kvaliteter vi noterar. Vad är positivt respektive negativt i deras sätt att förhålla sig till talekonsten?
- Tala: Tala ofta i små övningar och analysera resultatet, effekten av talen på andra. Talövningar i basgrupper och helklass.
- Teorier: Studier av retorikens verktygslåda och granskning av de strategier som finns beskrivna i retoriklitteraturen. Samtal om relevansen för vår tids kommunikationsvillkor.

Genom att lyssna, spana på omvärlden, skärper eleverna sin analytiska förmåga och kan genomskåda hur retoriken används och missbrukas i olika situationer. Ett delmål blir att få våra elever att förstå att det inte finns några gratis mobiler. Allting har ett pris.

Övningarna är kopplade till motsvarande kapitel i lärarboken. Där finns underlag för de olika övningarna. Dessa går i stor utsträckning att använda på flera olika sätt. Man kan flytta fokus på många av övningarna och därmed skapa en progression, anpassad till den egna undervisningsgruppen.

2

KOMMUNIKATIONSPROCESSER MED FOKUS PÅ LYSSNANDET

1. Känslor i rösten
2. Låt ansiktet tala
3. Modelldockor
4. Yttre attribut
5. Kirurgen
6. Detektiven
7. Tre på bänken – tydliga icke-verbala signaler
8. Lyssna i samtal
9. Lyssna i samtal med observatör
10. Röster i vinden A–D
11. Charader
12. Läsa kroppsspråk
13. Ögonkontakt – blickar som möts
14. Levande seriefigurer
15. Olika betoningar – olika betydelser
16. Fickminnet
17. En historia ur flera munnar
18. Kedjeberättelse 1
19. Kedjeberättelse 2
20. Signalementet
21. Mötet
22. Vem är mannen på fotot?

1. Känslor i rösten

Instruera alla att arbeta två och två. En i paret läser ur telefonkatalogen eller rabblar alfabetet, och låter rösten spegla känslor. De kan vara förvåning, blyghet, nervositet, irritation, överlägsenhet, rastlöshet och grinighet. Skriv ner förslagen på lappar, den första dras av den i paret som ska börja övningen med att gestalta den föreslagna känslan. Den andre ska nu med ryggen vänd mot den som läser, försöka tolka och därefter analysera varför hon tolkar rösten på ett visst sätt. Paret byter roller efter att ha uttryckt tre känslor.

2. Låt ansiktet tala

Parvis sätter sig alla mitt emot varandra. De får var sin lista över känslor som de med blotta ansiktsuttrycket ska förmedla. De skriver ned sina tolkningar och försöker, när båda är klara, att muntligt beskriva vad de såg och varför de uppfattade uttrycket på just det sättet. Känslorna kan vara de som föreslogs i övning 1.

3. Modelldockor

I grupper på tre ska två personer vara ”modelldockor” medan den tredje pantomimiskt placerar dem i förhållande till varandra för att illustrera följande relationer: kypare och restaurangbesökare; ett förälskat par; chefen och sekreteraren; två boxare strax innan matchen skall börja; fritt val.

4. Yttre attribut

Be alla att till nästa gång ta med kläder och accessoarer till en ”typ” av människa som de vill gestalta. De får endast ta med en sak var. De visar sedan i tur och ordning upp sin ”typ”, skapad med utgångspunkt från den sak de tagit med sig, inför klassen. Man får själv hitta på maximalt tre meningar och framföra dessa med ett kroppsspråk som illustrerar deras tänkta person. Klassen tolkar och diskuterar!

5. Kirurgen

Kopiera berättelsen nedan eller skriv av den, ett exemplar per grupp. Klipp isär berättelsen så du får en mening på varje lapp. Alla arbetar i grupper om 8–10 i varje. Dela ut meningarna i grupperna. Några medlemmar får två eller flera meningar.

Medlemmarna i grupperna skall utan att visa varandra sina lappar tillsammans komma överens om hur berättelsen i sin helhet lyder. De läser sina meningar högt och resonerar. De får inte använda papper eller penna. Inte förrän alla medlemmar i gruppen är överens om meningarnas ordning i berättelsen får gruppen lägga ner sina lappar och titta på dem. De läser berättelsen högt i gruppen. Sist men inte minst resonerar de kring förklaringen på kirurgens utrop. (Lösning: Kirurgen var sonens mor.)

En man och hans son hade varit på en fotbollsmatch

De hade haft en mycket trevlig kväll.

De körde hem tillsammans.

Det regnade och vägen var våt.

En katt korsade vägen.

Mannen styrde undan för att undvika katten.

Bilen sladdade på den våta vägen.

Bilen kraschade mot ett träd och totalförstördes.

Mannen dödades.

Hans son skadades allvarligt.

En bilist stannade och kallade på ambulans och polis.

Ambulansen for iväg med sonen till sjukhuset.

Han togs omedelbart om hand på akuten.

Kirurgen tvättade sig och förberedde operation.

Kirurgen såg pojken och ropade: "Min son! Min son!"

6. Detektiven

Dela ut kopior med de elva påståenden som finns nedan. Lägg dem upp och ner och berätta att de först efter att du har läst en berättelse skall ta ställning till vad som står på pappret. Läs berättelsen på nästa sida högt för eleverna. Du ber dem sedan vända på pappret och nu skall de i tur och ordning bemöta de elva påståendena.

När de läst ett påstående markerar de om de anser att det är sant [S], falskt [F] eller tveksamt [?]. Med tveksamhet menas att de inte vet eller att påståendet kan vara både sant och falskt, men att det inte framgår klart av berättelsen hur det är. Eleverna arbetar sig igenom listan och får inte gå tillbaka och ändra något efteråt!

När alla är klara bildar eleverna par och jämför och diskuterar sina svar. De får då gemensamt göra ändringar i svaren. Du läser berättelsen en gång till och nu får eleverna titta på påståendena under tiden och eventuellt göra ytterligare ändringar i sina svar.

Tillsammans i helklass diskuterar ni utfallet. Vilka förhastade slutsatser drog eleverna första gången de hörde berättelsen? Vilka fällor finns i den här typen av lyssnande? (Påstående 3 är falskt. Nummer 6 är sant. Övriga vet vi inget om.)

1. En individ dök upp då ägaren hade släckt lamporna i affären.
2. Rånaren var en man.
3. Personen som dök upp krävde inga pengar.
4. Mannen som öppnade kassaskåpet var ägaren till affären.
5. Ägaren tömde kassaskåpet och försvann springande därifrån.
6. Någon öppnade kassaskåpet.
7. När individen som krävde pengar tömt kassaskåpet, försvann han springande därifrån.
8. Kassaskåpet innehöll pengar, men berättelsen avslöjar inte hur mycket.
9. Rånaren öppnade kassaskåpet.
10. Rånaren tog inte pengarna.
11. I berättelsen talas det bara om tre personer.

Berättelse att läsa
Den uttröttade chefen hade just släckt lamporna i affären då en individ närmade sig och krävde pengar. Ägaren öppnade kassaskåpet. Kassaskåpet tömdes på sitt innehåll och personen försvann springande därifrån. Larmet gick igång och varskodde polisen om det inträffade.

7. Tre på bänken – tydliga icke-verbala signaler

Längst fram i klassrummet ställer du tre stolar på rad, föreställande en soffa, en bänk, en mur eller dylikt. Tre personer får ta plats på var sin stol och utan att säga någonting till varandra, ska de alla tre lämna bänken av samma orsak. Den som först får en idé om varför de måste lämna bänken, skall på ett tydligt sätt med bara sitt kroppsspråk visa detta för de andra två. Initiativtagaren måste ta tid på sig för detta. Det skall vara helt klart för publiken att de alla tre lämnar bänken av samma orsak. Det kan till exempel vara bussen som kommer, det kan börja ösregna eller ringa in till lektion. Idérikedomen hos eleverna brukar vara outtömlig.

8. Lyssna i samtal

Alla bildar par med den person de känner minst i gruppen. Varje par bestämmer vem som är A respektive B. B får en startmening som till exempel: ”En person som jag väldigt gärna skulle vilja träffa just nu är ...”.

B kan välja att tala om en fiktiv eller verklig person, en nu levande person, eller en sedan länge bortgången farmor eller mormor, valet är fritt. Meningen är bara en utgångspunkt. A skall vara en aktiv lyssnare och hjälpa och stötta B. A skall ge uppmuntran och ställa frågor så att B får hjälp med att formulera vad hon vill ha sagt, startmeningen får leda vart som helst. Det viktiga är att B hela tiden uppmuntras att följa sin egen tankegång. Den stipulerade tiden för respektive talare är 4 minuter. När 4 minuter har gått signalerar du rollbyte.

Den här övningen kan göras många gånger och andra bra startmeningar är:

"Om jag vann 10 000 ..."
"Jag trivs allra bäst när ..."
"Om jag fick bestämma över världen en dag ..."
"Det gör mig glad ..."
"Det gör mig arg ..."

9. Lyssna i samtal med observatör

Övningen "Lyssna i samtal" kan även göras i tremannagrupp med en observatör. Istället för att arbeta med tala respektive lyssna i stipulerade minuter får de i uppgift att samtala om ett givet ämne. Först får A ordet i max 3–5 meningar, därefter skall B svara. Innan B får framföra sina egna åsikter, måste hon först upprepa den sista frasen A har sagt. Detta mönster upprepas genom hela övningen. Observatörens uppgift är att lyssna noga, så att ingen tar ordet utan att först ha uppfyllt kravet på upprepning.

Kommentar
Detta är en bra övning i att skärpa uppmärksamheten på vad den andre verkligen säger och därmed undvika parallella monologer och okoncentrerat lyssnande. När man blir bra på denna övning kan man obehindrat upprepa det den andre har sagt och omformulera det i en dialog:

A: Idag är det tisdag och jag skall träna ikväll. Jag känner mig stressad av det för vi har prov imorgon.
B: Du känner dig stressad av det för vi har prov imorgon.
Men jag skall inte göra det provet.
Så jag skall se på video ikväll.
Jag skall se en gammal Clintanfilm.
A: Du skall se en gammal Clintanfilm.
Vad kul för dig! Men jag skall ut i helgen istället.
B: Men du skall ...

10. Röster i vinden

Gå ut på en "uteplats", gård eller gräsmatta när vädret tillåter.

A. Dela in deltagare i två grupper. Be båda grupperna ställa sig mittemot varandra i bredd men med långt avstånd mellan grupperna. Dela ut en dikt. Låt alla läsa dikt i kör högt och starkt utan att skrika medan de går mot varandra och möts på mitten. Vad är skillnaden mot att läsa högt inomhus där inte vinden tar tag i orden? Vilken grupp läste snabbast, vilken läste långsammast? Vad berodde det på? Fördelar, nackdelar, svårigheter?

B. Låt grupperna enligt A vända sig med ryggen mot varandra och ge dem en dikt. Be dem läsa dikten som en dialog eller låt dem läsa en vers var och samtidigt gå åt var sitt håll. Alla ska läsa tydligt med inlevelse och medveten artikulation tills grupperna inte hör varandra längre.

C. Ställ två personer mot varandra. Välj gärna två som är lågmälda och försiktiga. Instruktioner: Ni är på var sin alptopp och ropar på hjälp allt vad ni kan. Om ni inte tar i ordentligt hör inte den andre dig och du fryser ihjäl. Den här övningen kan upplevas både som pinsam och rolig, de blyga och försiktiga tvingas ta i med sina röstresurser trots att situationen känns absurd.

D. Ställ två personer, gärna två med starka röster, mittemot varandra på stort avstånd. Ge dem varsin lapp med en överraskande mening, eller be dem att berätta en positiv hemlighet med så låg stämma som möjligt men med tydlig artikulation. Medan de går mot varandra långsamt ska de upprepa meningen. När hör de varandra? Vem hör den andre först?

Kommentar
Detta är en träning i att tala lågt men ändå inte göra avkall på tydligheten, en viktig kunskap när de håller sina tal och ska variera sin röst för att fånga sin publik.

11. Charader

Charader kan användas för att träna kroppsspråk. Alla drar varsin lapp där det står namn på kända eller okända personer, yrkestitlar och om gruppen är road, hela meningar. Varje grupp kan skriva lappar och sedan låta en i taget i en annan grupp dra en lapp och försöka gestalta det skrivna utan att tala. Kan den egna gruppen gissa rätt?

12. Läsa kroppsspråk

Ge som uppgift till nästa gång att iaktta vänner, familj, arbetskamrater, lärare och okända på staden och tänka efter vad deras kroppsspråk uttrycker och om de iakttagna har något speciell stereotypi i tal och rörelser. Vad tycker de att rörelserna, gesterna etc. som de iakttagit berättar om personen? Be dem att inte säga några namn på de observerade, man ska kunna tala fritt utan att känna att man avslöjar för mycket om någon.

13. Ögonkontakt – blickar som möts

Ge som uppgift att alla ska försöka få ögonkontakt och hinna se så många medpassagerare som möjligt när de stiger på spårvagnen eller bussen under kommande vecka. Uppmana dem att ”vara artiga”, hålla upp dörrar och låta andra gå före.

Nästa lektion ska var och en berätta hur det kändes och om de fick några reaktioner. Det är viktigt att de även tänker på sitt eget ansiktsuttryck. Att våga se andra och se in i andras ögon utan att stirra kan kännas besvärande men även positivt för båda parter.

14. Levande seriefigurer

Välj en seriestripp i någon tidning. Var och en läser upp sin seriefigurs repliker. Låt dem därefter bygga ut replikerna och agera med tydligt kroppsspråk så karaktärerna blir mer levande.

15. Olika betoningar – olika betydelser

Skriv lappar med olika meningar och repliker t.ex. ”Snart är det sommarlov/semester”, ”Välkommen till festen”, ”Jag kan följa med dig till chefen/rektorn”, ”Är det din nya pojkvän/ fru?” och lägg dem i en hög. I en annan hög finns lappar med olika känslor: besviket, förväntansfullt, argt, irriterat, uttråkat, glatt. Eleverna passerar talarstolen och tar var sin lapp från respektive hög och säger repliken på första lappen med den känsla som fanns på den andra lappen. Övriga elever kan då gissa vilken känsla och vilket budskap som förmedlas.

Med den här övningen blir man enkelt medveten om att innehållet kan förändras helt beroende på tonfall och betoning. Övningen går ut på att bli medveten om att det kan vara viktigare hur något sägs än vad som sägs.

16. Fickminnet

Alla i gruppen berättar om sig själva, en i taget. Be den som ska börja ta upp något från sin ficka eller väska och berätta om sig själv utifrån föremålet som ska vara som en röd tråd genom berättelsen. Låt de andra deltagarna ställa frågor till den som presenterar sig: När fick du det? Vem fick du den av? Har du något minne kring den här saken?

17. En historia ur flera munnar

Berätta en saga eller historia med många detaljer. Man kan använda en känd saga eller berätta en känd historia. Låt deltagarna sitta i par. Låt person A börja berätta historien för person B, samma historia utan egna tillägg. Avbryt efter tjugo sekunder och låt B fortsätta precis där A slutade. Byt berättare med oregelbundna intervaller.

Ställ frågor efteråt: Vad var svårast att komma ihåg? Hur gjorde de för att minnas? Lade någon till något nytt? Såg de några inre bilder? Användes liknelser och sinnesintryck?

18. Kedjeberättelse 1

Att berätta en gemensam historia i grupp är alltid spännande, ingen vet var den slutar och hur berättelsen utvecklas under övningen. Sitt i en cirkel, inled med att säga en inledningsmening. Välj gärna någon mening från en tidningsartikel eller hitta på en egen mening t.ex. ”Igår sa de på TV-nyheterna att någon i Kina hittat en ny djurart”. Talaren tittar på varje person i cirkeln för varje ord och den som talaren ser på sist måste fortsätta på samma mening eller en ny och måste använda det sista ordet från den förra meningen i sin egen mening.

Exempel: ”Djurarten visade sig vara en kvarleva från istidens djurvärld och upptäckten är en stor sensation.” Nästa person fortsätter berättelsen med ordet ”sensation”. Allt ska hänga samman, ingen ska veta när det blir hans/hennes tur utan alla måste vara uppmärksamma och lyssna hela tiden.

19. Kedjeberättelse 2

Dela in eleverna i par där varje par har en A- och en B-roll. Inled på samma sätt som i övningen ovan med att säga en mening. Låt därefter A ta vid och fortsätta historien. Efter några sekunder säger du ”Byt” och B skall då fortsätta berättelsen efter eget huvud med utgångspunkt i vad som hänt tidigare. Detta fortsätter tills ljudnivån blir för hög. I sammanfattningen kan vi låta eleverna diskutera om någon visste var slutet skulle vara, om de själva kunde hitta på motsvarande historia, vilka lärdomar de kunde dra etc.

20. Signalementet

En person ombeds lämna rummet. Be gruppen att ge ett signalement på den som gått ut. Man kan låtsas att någon söker efter honom och vill ha en bra personbeskrivning. När personen kommer in jämför man med det som samlats ihop på tavlan i en tankekarta. Vad minns man av en person: kläderna, kroppsspråket, personligheten? Hur kan man beskriva det som är utmärkande och speciellt för just den här personen? Försök att skapa metaforer för den efterlyste.

21. Mötet

Låt alla hitta på en person genom att under tystnad skriva ett namn, en stad, ett yrke, den skapade gestaltens familj, en hemlighet som personen bär på.

Låt eleverna bilda par (A och B) och låt dem bestämma en plats där deras fiktiva personer träffas av en tillfällighet. Nu ska alla under tystnad skriva en gemensam dialog där A börjar skriva ner den första meningen, B tittar vad som skrivits och skriver svar/ fortsätter med sin figurs mening.

Efter ca tio minuter spelar paren upp sin dialog. Vad säger två för varandra okända personer när de träffas på en flygplats, i ett köpcentrum, under en tågresa etc.? Hur mycket avslöjar man av sig själv när man träffar en okänd? Låt hela gruppen försöka gissa personernas hemligheter om de på något sätt framgått i dialogen.

22. Vem är mannen på fotot?

Skissa bilden ovan på tavlan och säg: Mannen till vänster pekar på fotografiet och säger: ”Den mannens far är min fars ende son!” Vem föreställer fotografiet?

3

SJÄLVUPPFATTNING OCH NERVOSITET

1. Jag-cirklar
2. Du-är-du
3. Starka och svaga sidor
4. Om jag vore ett djur, skulle jag vilja vara ...
5. Joharis fönster
6. Joharis fönster – föremål
7. Jagdikt/namnkort – akrostikon
8. Namn är fantastiska
9. Jag är – en presentationsövning
10. Jag – en gåta i siffror och ord
11. Jag – ett porträtt i bilder
12. Presskonferens
13. Kamratporträtt – intervjuteknik
14. Skapa en karaktär
15. Text och tanke
16. Två minuter
17. Lyssnandet i centrum
18. En kedja av historier
19. Namnkänslor
20. Personlighetsbyte – dialoger i olika situationer

Självuppfattning och nervositet

Övning 1–3 bygger på samma princip: eleverna får tänka, skriva och samtala utifrån en serie frågor de har besvarat och tagit ställning till. Frågorna vänder sig till den enskilda individen och är av privat natur. För att eleverna skall kunna svara ärligt är det viktigt att de får välja ut vad de vill dela med sig till andra.

1. Jag-cirklar

Alla deltagare delas in i små grupper, 4–5 stycken i varje. Var och en får ett A4-papper med en stor cirkel på och fyra uppgifter på varje sida. Cirkeln är indelad i fyra tårtbitar i vilka svaren skall skrivas. På sidan 1 skall de berätta med så många exempel som möjligt om "Nuet" och på sidan två om "Framtiden". De har åtta till tio minuter till sitt förfogande. De kan fritt gå mellan sidorna och komplettera.

När tiden är ute markerar alla i respektive tårtbit en sak, ett ord, som de kan dela med sig av. Med turtagning går de laget runt och nämner var sin sak. När en runda är avslutad diskuterar gruppen skillnader och likheter. När de går över till tårtbit nummer två får person två i gruppen vara först med att berätta.

Nuet:
1. Någonting som du gör bra (t.ex. prata, spela).
2. Någonting som du gör dåligt.
3. Någonting som du ägnar mycket fritid åt.
4. Någonting som du ofta tänker på.

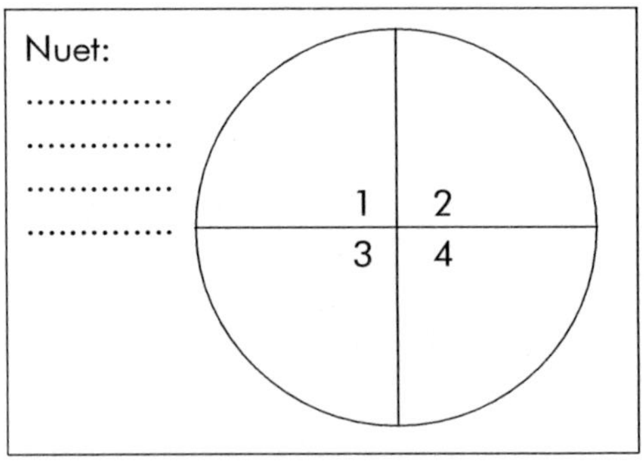

Framtiden:
1. Någonting du vill lära dig.
2. Någonstans dit du vill resa.
3. Ett beteende du vill ändra (t.ex. sluta röka).
4. En person du vill lära känna bättre.

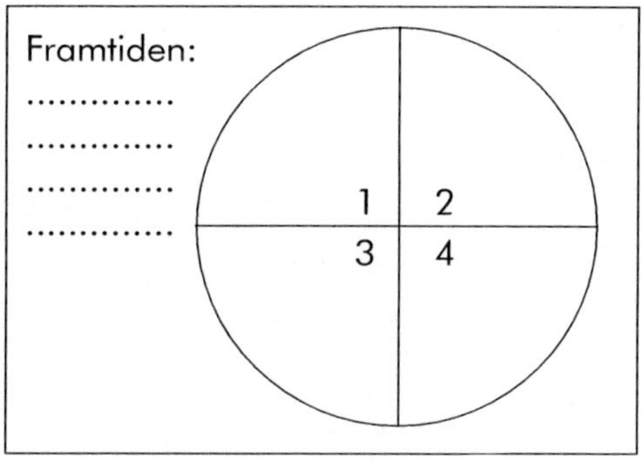

2. Du-är-du

I den här övningen arbetar man i grupper på 4–5 personer. Var och en i varje grupp får ett A4-papper med en stor cirkel indelad i åtta tårtbitar. I dessa tårtbitar skall de svara med så många exempel som möjligt på frågor om vad de har för känslor i olika situationer.

När den överenskomna tiden är ute, markerar alla, i respektive tårtbit, en sak, ett ord som de kan dela med sig av. Med turtagning går de laget runt och nämner var sin sak. När en runda är avslutad diskuterar gruppen skillnader och likheter. När de går över till tårtbit nummer två får person två i gruppen vara först med att berätta. Den här övningen kan göras olika lång och utförlig beroende på gruppens mognad.

1. Jag är lyckligast när ...
2. Jag blir besviken när ...
3. Jag känner mest tillfredsställelse när ...
4. Jag blir besviken på mig själv när ...
5. Jag känner mig lugn när ...
6. Jag blir arg när ...
7. Jag känner mig säker på mig själv ...
8. Jag blir rädd när ...

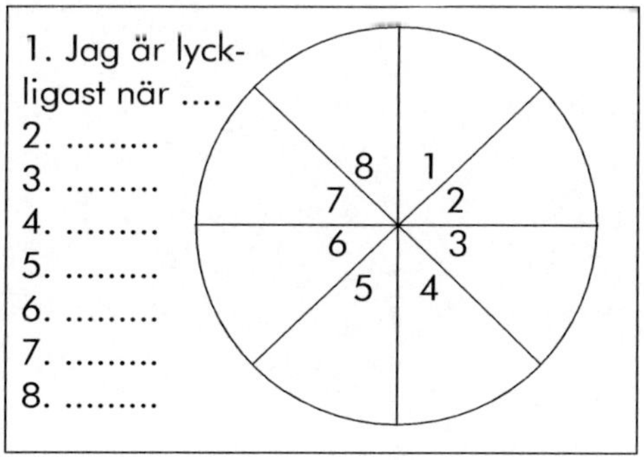

3. Starka och svaga sidor

Arbeta i små grupper, 4–5 stycken i varje. Var och en får ett A4-papper med en stor cirkel indelad i åtta tårtbitar. De skall skriva ner ett exempel i varje tårtbit på egenskaper hos sig själva som de uppfattar som negativa, dvs. saker de inte tycker om. Efter ungefär fyra minuter markerar de en till tre tårtbitar som de kan dela med sig av. I varje grupp går man laget runt och alla får först bara säga en sak. Sedan går man ett eller två varv till. Därefter diskuterar varje grupp vad det är för egenskaper som kommer upp. Finns det några likheter eller gemensamma drag?

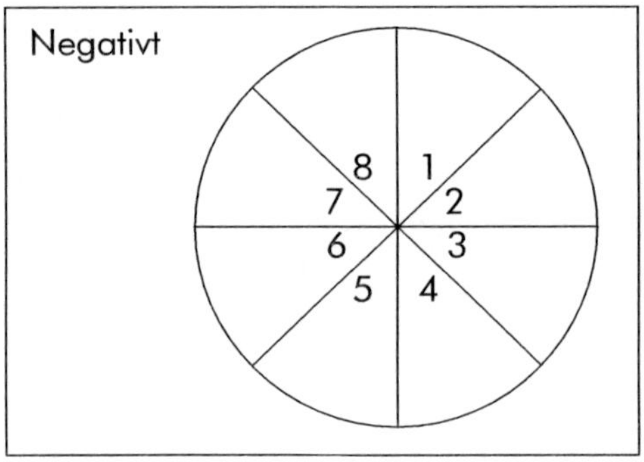

Nu får alla ett nytt A4-papper med en cirkel indelad i tårtbitar. De skall nu göra om övningen och lista egenskaper som de uppfattar som positiva, dvs. saker de tycker om. Efter ungefär fyra minuter markerar alla en till tre tårtbitar som de kan dela med sig av. I varje grupp går man laget runt och alla får först bara säga en sak. Sedan går man ett eller två varv till.

Därefter diskuterar varje grupp igen vad det är för egenskaper som kommer upp. Finns det några likheter eller gemensamma drag? Avslutningsvis skall de också diskutera vilket som var lättast: att tala om sina starka, positiva sidor eller om de dåliga, negativa.

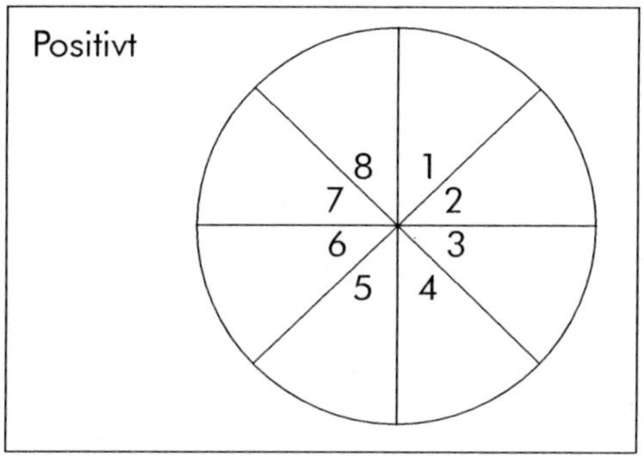

4. Om jag vore ett djur, skulle jag vilja vara ...

Be var och en att enskilt associera till ett djur som kan stå som symbol för den egna personen. Under tystnad skriver de ner vad som är typiskt för just det djuret som art: hur det äter, sover och lever. Vilka är de utmärkande karaktärsdrag som man associerar till det djuret? Är det ett hon- eller handjur?

I grupper om fyra får de sedan med turtagning berätta om de likheter som finns mellan dem och det valda djuret. De andra lyssnar och ställer förtydligande frågor som får den som berättar att se ännu fler aspekter av sitt "jag".

5. Joharis fönster

Alla får varsitt vitt A3-papper. På detta papper är Johari-kvadratens yttre kontur uppritad. Överst till vänster står ”Öppet område”, överst till höger står ”Blint område”, nederst till vänster står ”Dolt område” och nederst till höger står ”Okänt område”. Linjerna som begränsar de olika områdenas storlek är inte dragna. Den vänstra kolumnen benämnes ”Känt av dig själv” och den högra ”Inte känt av dig själv”. Den översta raden benämns ”Känt av andra” och den nedre ”Inte känt av andra”. Två sidor i kvadraten är graderad från 1 till 10.

Nu ska alla rita in spröjsar i sitt Johari-fönster. När alla ritat in sina linjer delas de in i 4-mannagrupper. Gruppen får till uppgift att studera ett fönster i taget och ställa frågor till varandra om skillnader och likheter. Gruppen redovisar storleken i form av max- och minvärden för respektive kvadrat utan att namnge innehavaren.

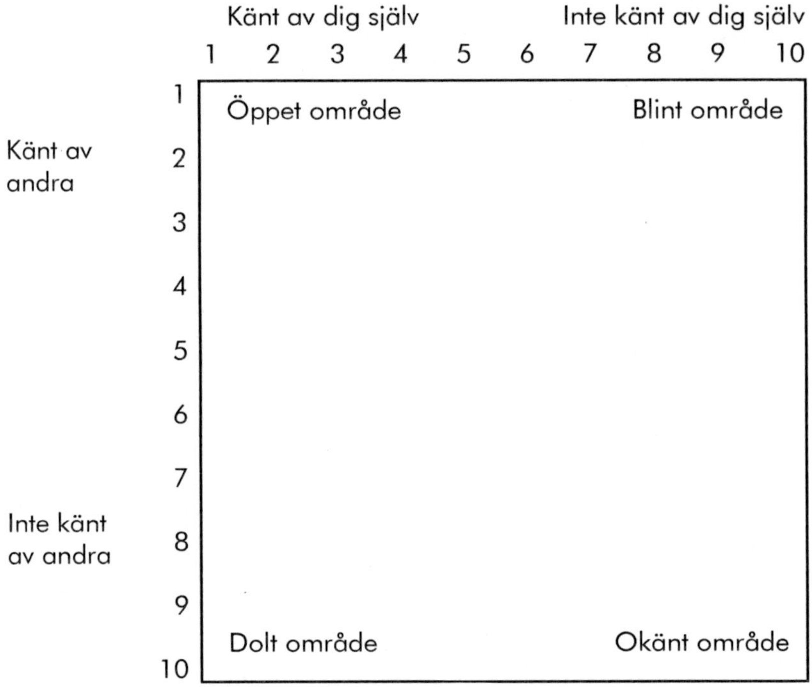

6. Joharis fönster – föremål

Detta är en mer avancerad övning som belyser Joharis fönster. Alla tar med fyra föremål till skolan.

- Det första skall avslöja något om hur de ser på sig själva. Något som de samtidigt tror att andra känner till, alltså representera den öppna rutan i Joharis fönster.
- Det andra föremålet skall avslöja något om jaget som man tror ryms i den dolda rutan. Föremålet kan symbolisera en attityd, känsla eller rädsla som hon helst velat dölja för andra, men nu är beredd att flytta till den öppna rutan.
- Det tredje föremålet man tar med skall representera hur hon tror att andra uppfattar henne.
- Till sist skall de be en person som står dem nära privat att välja ut ett föremål som visar hur de uppfattas av omgivningen Det fjärde föremålet skall tas med tillsammans med de tre övriga.

I grupper om fyra ska alla sedan med turtagning berätta om sina föremål.

Kommentar:
Övningar av den här typen kräver stort engagemang av både dig och deltagarna. Du måste vara beredd på att bearbeta reaktioner både positiva och ibland negativa och ofta känsloladdade. En skriftlig reflektion från var och en kan vara på sin plats efter den här typen av övning. En fråga att fundera över blir: Har övningen förändrat din syn på dig själv?

7. Jagdikt/namnkort – akrostikon

Nu gäller det att använda sitt namn som utgångspunkt för att beskriva sin person med ett så kallat akrostikon. Instruera alla att skriva sitt namn vertikalt och låta varje bokstav i namnet vara början på ett ord som berättar något om dem själva. Låt sedan alla bilda par och jämföra vad de skrivit.

L ata Lena
E nvis och Engagerad
N ikotinberoende
A rtig

J obbar Jättemycket
O ftast Organiserad
H umoristisk
N yfiken

B ussig, Bullrande & Burdus
E nergisk
N ostalgisk
G enerös
T rofast & Trovärdig

8. Namn är fantastiska

Utnyttja allas förnamn i den här spännande övningen. Låt alla flödesskriva ett par minuter utifrån sitt eget namn. Sedan kan de i en ganska strid ström få följande frågor att besvara i skrift:

1. Vad heter du?
2. Vad vill du kallas?
3. Finns det en betydelse/innebörd kopplad till ditt namn?
4. Varför har du just det namnet?
5. Vilka andra namn finns i sin familj? Vad kan du berätta om dem?

6. Vilket är ditt favoritnamn i släkten?
7. Finns det något namn du just nu skulle vilja kalla ditt?
8. Vilket smeknamn skulle du helst vilja ha?
9. Är det viktigt vad man heter? Betyder det något för identiteten? Förklara ditt svar.
10. Markera information som du kan dela med dig till andra.

I 4-mannagrupp med turtagning diskuteras tankarna kring det egna namnet och namn överhuvudtaget.

9. Jag är – en presentationsövning

- Jag är …
- Jag kan …
- Jag vill …

Alla skall individuellt avsluta meningarna ovan och sedan presentera meningarna inför gruppen. Presentationen blir kort men ändå intressant.

Övningen kan byggas ut med momentet ögonkontakt. När en person ställer sig upp inför gruppen och skall presentera sig själv med de tre meningarna får 3–4 deltagare utspridda i åhörargruppen samtidigt resa sig upp. Ingen får börja tala innan hon/han haft ögonkontakt med dem som står upp. De å sin sida står kvar till dess var och en upplever att talaren har vilat sin blick i deras.

Kommentar:
Alla ges genom den här övningen möjligheten att träna sig på att undvika ett av de vanligaste felen, dvs. att i sin iver att få presentationen överstökad börja tala utan att ha etablerat kontakt med åhörarna. Talaren får också en utmärkt träning i att vila sina ögon i andras och därmed undvika att nervöst flacka med blicken över auditoriet. Om ögonkontakten i presentationsögonblicket fungerar får man uppleva hur mycket lugnare man dels känner sig och dels upplevs av åhörarna. Även om man under ytan känner en viss anspänning hjälper det kommunikationen med

åhörarna om man ser lugn ut på ytan. De kan då koncentrera sig på presentationens innehåll utan att distraheras av synlig nervositet.

En bra bild att förmedla är: Föreställ dig att du lugnt, elegant och vänligt småleende glider fram genom talet som en avspänd svan vars energiska aktivitet är dold under ytan.

10. Jag – en gåta i siffror och ord

Detta är en parövning. Varje person skriver ner, utan att visa för den andre, sex ledtrådar om sig själv uttryckt i siffror och ord. Det kan vara ålder, skonummer, vikt, namn på personer och platser, föremål av olika slag osv. Det måste vara minst två ledtrådar i siffror respektive ord.

När de är klara byter de papper i paret och nu skall de genom att ställa bara ja- och nejfrågor lista ut vad kamratens siffror och ord står för eller representerar.

11. Jag – ett porträtt i bilder

Övningen sker i två steg. Först delar du ut blanka papper som de viker i fyra lika stora kolumner. Du ger dem fyra rubriker att skriva överst i respektive kolumn. De skall nu ge en bild av sig själva genom att rita in exempel på vad de anser vara viktigt och representativt för dem under respektive rubrik. De får inte använda bokstäver

utan måste rita. Ritandet skall inte resultera i några artistiska fulländade konstverk, streckgubbar etc. går bra.
Lämpliga rubriker kan vara:

- det gör mig glad
- saker att ändra på
- framtidsplaner
- barndom
- trygghet
- favoritplats
- drömjobb
- hatobjekt
- hobby
- familj

Berätta hur lång tid de har på sig, 10 minuter brukar vara lagom, och spela gärna musik under tiden de jobbar för att öka koncentrationen. När du bryter ritandet bildar eleverna par. De byter papper och frågar varandra om illustrationerna.

Kommentar:
Efter ett tag kan de bilda större grupper och då kan de presentera sin partner för de övriga i gruppen med utgångspunkt från teckningen.

12. Presskonferens

När man hamnar i nya grupper eller i grupper där man inte känner varandra så väl, alternativt då man vill undvika att presentationen av medlemmarna tar för lång tid eller som innebär att individer exponeras alltför tidigt, är presskonferensen en bra introduktionsövning.

En elev tar plats i stolen och besvarar frågor från gruppdeltagarna, som är journalister inbjudna till en presskonferens. Då en person inbjuder till presskonferens finns det med i förutsättningarna att man kan besvara de frågor man vill, alternativt avstå från svar. Svaren kan vara korta och koncisa om man så önskar, men å andra sidan kan en fråga om ett favoritämne föranleda ett långt och uttömmande svar.

Presskonferensen är maximerad till 4–5 minuter och den intervjuade kan alltså utnyttja tiden på valfritt sätt. Frågorna från deltagarna, som representerar den samlade världspressen, skall vara journalistiskt vinklade.

13. Kamratporträtt – intervjuteknik

Se till att alla bildar par med den person de känner mindre i gruppen. I en blandad grupp skall det vara maximal blandning av kön, ålder osv. Bestäm i paret vem som är A respektive B. B skall börja intervjua A om det hon/han tycker är intressant att få veta. B antecknar stödord, gärna i en tankekarta, och försöker få en bild av vad som är allra mest intressant med A. Efter ca 5 minuter avbryter du övningen och deltagarna byter roller.

När intervjuerna är färdiga efter totalt ca 10 minuter får var och en se igenom sina anteckningar och försöka hitta en röd tråd att bygga upp presentationen kring. Nu skall de tänka ut 5 meningar som bäst sammanfattar det mest intressanta med parkamraten. Meningarna skrivs ned på tal-kort. När presentationen av kamraten sker i helklass får paren själva välja när de vill komma in med sina presentationer: ”Här bredvid mig har jag …”

Kommentar:
Uppmuntra paren att de ska ta ordet tidigt och inte sitta och vänta för länge på sin tur och därmed kanske komma sist. Det faktum att man undviker att gå i turordning är viktigt för de som i tidigare presentationssituationer har upplevt frustrationen av att ”vänta på sin tur”. Presentationen är här så kort att den inte hinner skapa någon ångest. I den här övningen får de i ett samtal på två, på bara några få minuter, stoff att tala om och stödord att strukturera i hela meningar. Detta hjälper de tystlåtna att koncentrera sig på innehållet i presentationen och inte på den egna personen. De får från början vänja sig vid att ta till de strategier som samtal och skrivande erbjuder inför muntliga presentationer och kan uppleva att förberedelsearbetet är det centrala.

14. Skapa en karaktär

Detta är en övning i inlevelseförmåga, men också i att lyssna och samarbeta. Klassen delas in i grupper om 4–5 elever. Varje grupp får några A3-ritpapper, färgpennor och ett föremål. Detta kan t.ex. vara ett par solarieglasögon, en stämpel, en lupp eller något annat, inte könsbundet, gärna udda föremål. Gruppen skall utifrån föremålet bygga upp en karaktär, med så många detaljer som möjligt: namn, ålder, familj, yrke, intressen, laster och så vidare. De skall på A3-papperet rita upp en tankekarta över personen och ha denna som utgångspunkt för en presentation inför klassen. Samtliga gruppdeltagare skall ta var sin del av redovisningen, så att alla får tala. Efteråt skall åhörarna ställa frågor om ytterligare detaljer riktade till eleverna i presentationsgruppen. Samtliga skall alltså ha levt sig så in i den tänkta personen, att de omedelbart kan besvara vilken detaljfråga som helst.

Kommentar:
Att på det här viset rita en tankekarta i grupp gör att eleverna kan lära sig av varandra. De har ofta olika erfarenhet av tankekartor. Dessutom får de uppleva att tankekartan i sig ger en utmärkt disposition av en presentation. Att få ingå i en trygg grupp första gången man står upp inför hela klassen och talar relativt fritt är en bra start för att motverka eventuell nervositet.

15. Text och tanke

En väl beprövad övning inför klassamtal om en gemensamt läst text är skrivövningen ”Text och tanke”. När du, alternativt eleverna, har avslutat högläsningen av en text (förslag/exempel finns på nästa sida) får eleverna följande instruktion:

- Dela papperet i två kolumner, den vänstra något smalare än den högra.
- I vänsterspalten skriver du ner ord, fraser som du fäst dig vid från texten.

- I högerspalten skriver du respons, kommentarer, tankar … alla de associationer som texten väcker hos dig.

Text/bild	Tanke

Efter en stunds skrivande bildar eleverna 4-mannagrupper. I dessa grupper får elev A berätta i max 4–5 minuter om de tankar, associationer texten har väckt. Elev B får ställa en fördjupande, öppen fråga till A, som i sin tur får svara på frågan, dock inte börja berätta en hel historia – bara svara på frågan. Därefter får C och D också ställa varsin fråga och A svarar kort och koncist. Om D tycker att de viktigaste frågorna redan är ställda kan man säga pass, dvs. "jag avstår …" Då alla fyra eleverna har fått dela med sig av sina tankar är ordet fritt för en diskussion om likheter och skillnader i tankar och synpunkter. Eftersom alla har fått chansen att uttrycka sig utan att bli avbrutna och dessutom fått intresserade åhörares frågor på de deklarerade tankarna är alla förberedda inför helklassamtalet som sist avslutar övningen.

Kommentar:
De tysta eleverna har inte bara fått en chans att under tystnad få tänka och skriva, utan de har dessutom fått berätta om och utveckla sina tankar i den trygga, lilla gruppen. Turtagningsreglerna i övningen gör det lättare för läraren att i helklassdiskussionen styra eleverna att inte ta ordet utan vänta på sin tur även här. Själv brukar jag låta den tystaste och mest försynta eleven i gruppen svara på frågan: Vad diskuterade ni i er grupp? Detta ger eleven tillfälle att svara utifrån den gemensamma diskussionen och kräver inget blottläggande av de egna tankarna.

Exakt samma övning fungerar mycket bra på ”Bild och tanke”. Eleverna får se en gärna mångtydig och diskussionsväckande bild på OH (se förslag/exempel på nästa sida). De beskriver i vänsterspalten vad de ser på ett ytplan och därefter formulerar de sina associationer i högerspalten innan grupp- och klassamtal vidtar. ”Text/Bild och tanke” ger eleverna en stund för eftertanke och de uppfattar övningen som en ärlig chans att delta i helklassarbetet.

Förslag/exempel på text 1
Lyssna till pauserna genom vilka
tystnaden talar till dig.
Tystnaden, säger du,
är bara tomhet och övergivenhet.
Jag orkar inte med den.
Hör du inte hur den myllrar av språk,
av rop och tilltal till dig själv?
Lyssna till världen innanför dig,
du är en värld av ekon, av genljud,
av besökare från det förflutna

Utdrag ur dikten ”Lyssna” av Sandro Key-Åberg

Förslag/exempel på text 2

Om jag verkligen brydde mig om dig …
skulle jag lyssna utan att försvara mig
skulle jag höra utan att bestämma
om du har rätt eller fel
skulle jag fråga dig varför
och inte bara hur och när och var.

Förslag/exempel på bilder

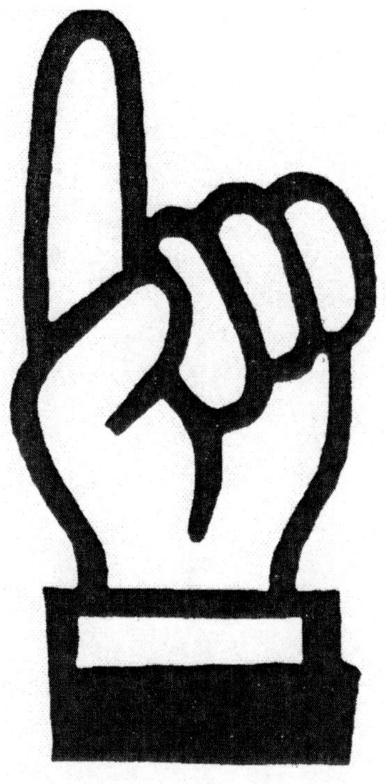

16. Två minuter

Eleverna bildar grupper om tre. Blir det ett eller två par fungerar övningen ändå. Inom gruppen bestämmer eleverna vem som skall vara nummer ett, två och tre.

Be en av eleverna dra ett kort med ett ämnesområde. Eleven läser högt för de andra i klassen vad som står på kortet. Nu skall alla ettor i sina grupper under två minuter prata kring det givna ämnet. De andra två i gruppen skall hjälpa och stödja ettan att hålla igång genom frågor och uppmuntran. Det är gruppens gemensamma ansvar att ettan kan tala i två minuter.

Du bryter efter exakt två minuter och sedan är det en tvåas tur att dra ett kort och därefter skall alla tvåor prata kring ett nytt ämne i två minuter. Du bryter igen efter två minuter och sist talar treorna om ett ämne i två minuter.

Tänkbara ämnesområden att skriva på korten:

Jul	Jesus	Kärlek	Tåg	En musikupplevelse
En resa	Sport	Dockor	Syskon	Kräldjur
Sommar	Vinter	Höst	Vår	Studentexamen
Tidningar	Datorer	Muskler	Böcker	En perfekt dag
Vänner	Sömn	Bilar	Hälsa	TV-program

17. Lyssnandet i centrum

Eleverna får i uppgift att ta med sig ett viktigt föremål till skolan. Det kan vara ett barndomsminne, en souvenir eller en present där givaren är det viktiga. I skolan delas eleverna in i 4-mannagrupper och arbetar med strikt turtagning då de presenterar sina föremål och berättar varför det är viktigt.

Kommentar:
De tysta eleverna uppskattar denna övning dels för att de får tala i den lilla gruppen utan att bli avbrutna, men också för att de får hålla i ett tryggt föremål, som lite avleder uppmärksamheten från talaren själv. Momentet med frågor från gruppdeltagarna är mycket viktigt för de osäkra eleverna. De får via frågorna bekräftelse på det sagda och får dessutom uppleva att det är intressant att utvecklas vidare.

18. En kedja av historier

Med gemensamt berättande blir det tydligt hur viktigt det är att vara uppmärksam på hur vi kommunicerar med varandra.

Övningen tvingar deltagarna att lyssna noga för att kunna improvisera och snabbt fortsätta med samma form av berättelse som de andra använt.

Gruppen skall skapa en stafetthistoria. Någon börjar berätta en historia och säger t.ex.: ”En gång på en fest träffade jag en otrolig människa som berättade en historia om hur det var att leva i … Med bara några meningar fullföljs historien.

Den som sitter till höger om inledaren fortsätter med att säga ”Det påminner mig om …”. Efter ett kort tag tar nästa person vid med samma fras, ”men det här påminner mig om den gången när …”.

Alla ska försöka att hitta liknande historier till formen men inte till innehållet.

19. Namnkänslor

Sitt i ring och låt varje deltagare dra en lapp med en känsla. Alla skall säga sitt namn med en viss betoning i rösten, så att de förmedlar en viss känsla. Låt dem sedan i tur och ordning göra detta. Förklara inte vilken känsla det är, utan låt alla gissa efter ett varv vilken känsla de tror att respektive talare uttryckte. Känslor att använda, dvs. sätt att säga namnen på, kan vara: aggressivt, blygt, ledset, fnissigt, stolt, besviket, irriterat, lyckligt, förälskat.

20. Personlighetsbyte – dialoger i olika situationer

Vi har olika relation till olika människor. Vi kan bli skickliga på att byta roller i vår vardag beroende på vem vi möter.

Låt deltagarna parvis spela upp ett möte genom att person A i ett par drar en lapp där det står vilka två personer det är som möts. B får inte veta vilka de båda är eller vilken relation de har till varandra. Det kan t.ex. vara läkare–patient, lärare–elev, bankrånare–bankdirektör, chef–anställd, servitris–gäst, polis–snattare etc. Utan att tala ska nu A få B att förstå, vem han själv ska vara. Så fort B tror sig veta detta går B in i spelet och startar dialogen dem emellan. Efter några minuter byter man och B drar en lapp, som anger vilka 2 roller A och B har nu.

Här är det viktigt att vara tydlig i sitt kroppsspråk och kunna tolka varandra på rätt sätt. Välj gärna att dela in deltagarna i par så att de som inte tidigare känner varandra så väl får samarbeta. Då blir det extra viktigt att tänka på hur man skall nå fram till den relativt okände och få honom att förstå vad som menas.

Att spela roller är ett bra sätt att våga visa och tala. När man gestaltar någon annan kan man släppa taget om sin självbild och vara friare i tal och utspel.

4

ÅHÖRARANALYS

1. Talare i massmedia
2. Åhöraranalyser
3. Åhöraranalyser – olika hänsynstagande
4. Anpassning av ämnet
5. Reklamens mottagare
6. Skriv alternativa inledningar till ett tal
7. Brevskrivning
8. Spaningar på målgrupp

1. Talare i massmedia

Arbeta i 4-mannagrupper under en vecka för att kartlägga offentliga talsituationer i vår direkta omgivning – dvs. det massmedia väljer att förmedla. Gör en inventering tillsammans av vilka talare som förekommer under veckan. Undersök också i vilka situationer dessa talare befinner sig.

- Vilka talare hörs och syns i radio och TV?
- Vilka talare hänvisas det till/citeras i pressen under en vecka?
- Finns det skillnader mellan olika typer av tidningar?
- Vilka är dessa talare?
- I vilka sammanhang har de talat?
- Vad har de talat om?
- Varför har de talat?
- Varför blir de citerade/varför hänvisas det till just dessa personer?
- Vad vet vi om vilka de har talat inför?
- Vilka var åhörarna?
- Vad vet vi/tror vi oss veta om åhörarna i dessa situationer?
- Vilka olika tal/presentationer annonseras det om i tidningen?

2. Åhöraranalyser

- I vilka andra situationer förekommer talande/presentationer inför grupper av människor: i vår omgivning, i vårt samhälle, i vårt land – dvs. det som inte syns i massmedia, men som förekommer?
- Vilka åhöraranalyser kan man göra i dessa situationer?
- Vad är nödvändigt/viktigt/önskvärt att veta om åhörarna?

3. Åhöraranalyser – olika hänsynstagande

Skriv i 4-mannagrupper en lista över vilka ämnen man tänka sig att informera vänner och likasinnade om.

- Gör en informell demografisk analys av gruppen.
- Vilka olika typer av hänsyn/anpassningar måste en talare i dessa situationer göra?
- Hur långt skall anpassning och hänsynstagande gå?
- Vad riskerar man om man inte vågar pröva gränserna?
- Inventera för- och nackdelar.

4. Anpassning av ämnet

Välj ut några av ämnena från övning 3 och fantisera om hur man skall anpassa ämnet dels till en grupp yngre tonåringar och dels till en grupp medelålders på en kulturafton/arbetsplatsträff. Tala om ny aktuell musik, nya aktuella artister eller band, filmer som går just nu, böcker du just har läst/läser …

5. Reklamens mottagare

Studera reklam i massmedia. Vilken är mottagargruppen? Hur syns det? Gör en mottagaranalys.

6. Skriv alternativa inledningar till ett tal

Instruktion: Du är pressekreterare vid ett oljeraffinaderi och skall vid två olika tillfällen informera om företagets utbyggnad på orten. Informera först medborgare i kommunen som ser möjligheter till fler arbetstillfällen. Därefter skall du utveckla ämnet inför miljöpartister som är mycket tveksamma till denna etablering.

7. Brevskrivning

Dela ut ett papper till varje grupp och ett ämne för att skriva ett brev t.ex. ska brevskrivaren tacka för en present eller gåva i någon form. Dela ut lappar med namn på vem som ska få brevet, det kan vara en arbetsgivare, en farmor, en god vän, en politiker, en idol, en lärare, en tjugoårig släkting etc. Alla får olika mottagare men talar inte om för varandra till vem de skriver. Be alla att skriva i 5–10 minuter.

Efteråt jämför alla i gruppen sina brev och tittar noga på inledningar och avslutningar, speciella ord och uttryck samt stilnivåer. Hur har man tagit hänsyn till sin mottagare? Vilken inre bild av mottagaren gjorde var och en innan de började skriva? Hur syns det i brevet?

8. Spaningar på målgrupp

Alla instrueras att göra ”spaningar” och iakttagelser under veckan när de tittar på sina egna favoritprogram i TV. Känner de sig som ”rätt” målgrupp? Vilken grupp tillhör de i så fall? Märks det genom ord och uttryck eller i bildspråket som används i just de programmen att det riktar sig till dem?

Hur tror åhörarna att TV-producenter ser på tittare till program som vänder sig just till dessa? Verkar det som de har gjort åhöraranalys före programmet? Känner man igen sig? Är det generaliseringar? Vad eller vem skapar dem i så fall? Vem styr och varför?

5

VAL AV ÄMNE OCH STOFFSAMLING

1. Listning
2. Uppslag
3. Syfte och huvudtanke
4. Avslutning
5. Stoffsökning
6. Frågeställningar till stoffet
7. Informationssökning
8. Jobbintervjun
9. Tankekarta och kluster

1. Listning

Alla ombeds skriva en lista på 3–5 olika ämnen de skulle kunna tänka sig att tala om inför gruppen. Alla får läsa upp ett alternativ från sin lista. De som hör ett bra förslag från de andra skriver till det till sin egen lista.

När alla har fått läsa upp sina tre bästa ämnen har de flesta ca 20 tänkbara ämnen på sin lista: huskurer, bergsklättring, bra start på dagen – frukosten, NHL ... Alla får nu välja ut ämnen de skulle vilja tala om.

I 4-mannagrupper skall de nu hjälpas åt att ta fram fyra olika ämnen så att de blir avgränsade och fokuserade för ett ca 3–5 minuter långt tal. De skall dessutom formulera syftet med respektive presentation.

Arbetsgång:

- Lista under tystnad.
- Dela med er, stjäl idéer dvs. komplettera er egen lista.
- Välj ämne.
- Begränsa ämnet i grupp.
- Formulera ett syfte.

2. Uppslag

Dela in alla i grupper om fyra och låt dem välja ett av sätten under Kreativa knep (lärarboken sid. 111–114) för att söka efter uppslag till ämnen. Tidsbegränsa uppgiften till 10 minuter och låt sedan varje grupp kortfattat redovisa vilka tänkbara ämnen de har hittat.

Låt alla individuellt välja ett eller två ämnen och därefter arbeta fram olika förslag till begränsningar av ämnena. Slutligen gör ni i hela gruppen jämförelser mellan likheter och skillnader i begränsningarna av de olika ämnena.

3. Syfte och huvudtanke

Använd samma ämnen som i övning 1 eller 2 och låt respektive grupp gå vidare med att:

- Fastställa syfte, både det allmänna och det specifika.
- Formulera en huvudtanke.
- Föreslå möjliga sätt att utveckla huvudtanken.

4. Avslutning

Som avslutning diskuterar hela gruppen utifrån exempel du plockat ur allas material i övning 3. Här kan man visa på ytterligare möjligheter till specificering av syften och huvudtankar, detta för att hjälpa deltagarna att undvika den klassiska fällan att missa syftet och att ha ett alltför stort ämne.

5. Stoffsökning

Alla ska söka olika typer av stoff för att kunna ge bred information. Ge följande instruktion:

Du ska informera om något av ämnena: Berlinmuren, Kinesiska muren, Bermudatriangeln, välgörenhet, rättvisa eller välfärd.

- Var kan du söka information?
- Vilken typ av stoff behövs för respektive ämne?
- Hur formulerar du frågor och hur samlar du information?

6. Frågeställningar till stoffet

Följande uppgifter baseras på tidigare övningar – de förutsätter att alla fastställt syfte och formulerat huvudtanken för ett valt ämne. Nu får de möjlighet att öva informationssökning på bibliotek eller i databaser. Kanske vet de redan nu att de faktiskt vill tala om det ämne de valt att arbeta med och då känns förstås sökandet mera meningsfullt än om det bara är för övnings skull.

Övningarna kan begränsas till litteratursökning, men kan också utvidgas till att omfatta fler källor om eleverna tänkt gå vidare med samma ämne.

Gå tillbaka till övning 3 och ge deltagarna följande instruktion:

- Utgå från syftet och tänk igenom vad du vet om ämnet och vad du skall ta reda på.
- Lista alla tänkbara frågor till ditt ämne och välj ut de 10 mest relevanta för din huvudtanke.
- Ställ hela tiden frågan när du samlar stoff: Bildar ämne, specifikt syfte och huvudpunkter en strukturerad och logisk helhet?

7. Informationssökning

Fortsätt med övning 3 och ge följande instruktion:

- Arbeta med det ämne som du fastställde specifikt syfte för och formulerade huvudtanken utifrån.
- Leta i bibliotekets katalog fram böcker, tidskriftsartiklar, artiklar från dagstidningar och referensverk, som du tror kan ge dig stoff till ämnet.
- Gör en litteraturförteckning där du anger författare, titel, utgivningsår, förlag och signum.
- Sök även information i databaser och notera källan på samma sätt.

8. Jobbintervjun

Var och en i gruppen söker ett jobb antingen som högstadielärare, skogsvårdare, massör, sjuksköterska, politiker, TV-presentatör, snickare, parkeringsvakt, tennistränare, dammsugarförsäljare. De andra är intervjuare och framtida chefer och arbetskamrater. Vilka frågor ska de ställa? Alla förbereder sig en kort stund innan intervjun börjar. Diskutera vem som skulle ha fått jobbet efteråt. Var det till viss del intervjuarens förtjänst för att han ställde de rätta frågorna? Här gäller det att göra deltagarna medvetna om hur viktigt det är att ställa relevanta frågor och att ställa dem i rätt ordning.

9. Tankekarta och kluster

Hur gör man för att ha bäst studieteknik? Vad krävs för att skaffa sig en bra och meningsfull fritid? Vad ska man tänka på när man söker jobb, tar studenten eller ska diskutera löneförhöjning?

Detta är exempel på tre ämnen som kan beskrivas ur många infallsvinklar och på många sätt. När man samlar stoff till ämnen kan man välja att rita tankekarta eller göra kluster. Den senare är en bra teknik när man skriver inköpslistor till veckohandlingen i mataffären och innebär att man tematiskt skriver i olika moln vad som är viktigt att komma ihåg. Tankekartor är många vana att använda, men det är inte självklart för alla hur man skriver underrubriker och stödord på rätt "gren".

Välj ett av ovanstående ämnen och låt eleverna träna att skriva en tankekarta och en variant i form av klustermoln. När alla är klara jämför de sina resultat och sedan vidtar en allmän diskussion om vad som saknas och vad som passar bäst för de olika individerna i gruppen. Kanske upptäcker de nya fördelar och sätt att samla och organisera stoff på.

6

DISPOSITIONSMODELLER

1. Disposition på minuten
2. Dispositionsmodell efter syfte
3. Tillämpning på eget ämne
4. Att välja dispositionsmodell
5. Ny disposition av tidningsartiklar
6. Elvis eller London
7. Disponera från OTK

1. Disposition på minuten

Deltagarna får i tur och ordning dra en lapp ur en korg med ämnesförslag och skall därpå genast, under en minut, tala fritt inför en mindre grupp eller i helgrupp utifrån sitt ämne. Ämnet kan vara ett enda ord som ger associationer i olika riktningar t.ex. jeans, boll eller skidor.

Kommentar:
De får med denna övning lära sig att tala helt oförberett och att förmedla egna, snabba tankar till andra. Allteftersom övningen fortskrider blir de medvetna om de olika dispositionsprinciper som kan tillämpas vid oförberett tal, till exempel:

- Vem, när, var, hur, varför?
- Dåtid, nutid, framtid.
- Teoretiskt, praktiskt.
- Fördelar, nackdelar.
- Skillnader, likheter.

Övningen ger en bra beredskap inför olika typer av situationer, både offentliga och privata, då man ska tala spontant. Dessutom får eleverna uppleva att även det spontana talet blir bättre om det är strukturerat.

Ett alternativ till denna övning är att en av dem drar sitt ämne och går ut i en minut för att förbereda sig och när denna person kommer tillbaka in och skall börja tala, drar nummer två sitt ämne, går ut och tänker medan nummer ett talar osv. Deltagarna uppskattar denna tidsfrist för att samla tankarna och tycker att de får en bättre chans att tillämpa olika dispositionsstrategier.

2. Dispositionsmodell efter syfte

Låt eleverna i 4-mannagrupper diskutera lämplig dispositionsmodell för information och argumentation om till exempel:

- Pitbull är en vänlig hund.
- Att ha husdjur.

- Olika sätt att bygga upp sin hälsa.
- Stoppa skövlingen av regnskogarna.
- För en bilfri innerstad.

Alla grupper kan få arbeta med samma ämne för att kunna jämföra olika dispositionsmodellers för- och nackdelar. Alternativt kan varje grupp få dra en lapp med olika ämnen och arbeta fram ett förslag som de presenterar för klassen som ett exempel på disposition.

3. Tillämpning på eget ämne

Eleverna får utgå från de ämnen de har arbetat med i övningarna i kapitlet om ”Språk och stil”. Varje 4-mannagrupp diskuterar alternativa dispositionsmodeller för ett ämne i taget.

Efter dessa övningar med dispositionsmodeller är det viktigt att i helklassamtal summera olika modeller och deras effekter. Det skall nu vara tydligt för eleverna att val av disposition har stor betydelse för effekten av ett tal.

4. Att välja dispositionsmodell

Vilken dispositionsmodell passar bäst för ett tal som handlar om:

- Att åka till New York
- Att stjäla en miljon
- Svenskarnas kärlek till naturen
- Längtan efter kärlek
- Miljöförstöring i tredje världen
- Första världskriget
- Festarrangemang
- Min farmor
- Hur man gör den bästa kladdkakan

Tänk också ut en avslutning till varje tal. Avslutningen ska sammanfatta innehållet och ge något slagkraftigt som får lyssnaren att minnas talet.

5. Ny disposition av tidningsartiklar

Kopiera en artikel ur en tidskrift och klipp sönder den i olika stycken. Alla ska sätta ihop artikeln igen och hitta tillbaka till den ursprungliga ordningen och dispositionen. Hur kan den ha sett ut? Var den bra eller kan den göras bättre?

Man kan börja med en kvällstidningsartikel och sedan fortsätta med en lång artikel från en tidskrift. Efter övningen kan man jämföra två olika dispositionsmodeller i två artiklar och se om det går att avgöra om skribenterna medvetet valt en dispositionsmodell.

Försök gärna hitta artiklar och texter där det inte finns någon uppenbar dispositionsmodell, kanske elevernas egna försök var väl så bra eller kanske t.o.m. bättre?

6. Elvis eller London

Hämta informationstexter från nätet och klipp isär texterna i meningar. Låt basgrupperna få olika instruktioner om hur de skall disponera meningar. Det kan vara t.ex. kronologiskt, geografiskt etc.

Denna övning kan också innefatta textbindningsträning. Se övning 8:6.

7. Disponera från OTK

Övningarna från Oförberedda Talares Klubb är i regel lämpliga att använda för att träna olika dispositionsmodeller och deras effekter. Träna varje modell så att den sitter i ryggmärgen och utvärdera ordentligt effekten på publiken – det ger en oerhörd säkerhet. Se lärarboken sidan 140.

7

INLEDNING OCH AVSLUTNING

1. Ingressförsök 1
2. Ingressförsök 2
3. Slutet gott, allting gott
4. Före början och efter slutet
5. Avslutningsmarkörer
6. Filmspråk
7. Skapa med hjälp av citat och ordspråk
8. Tidningsspråk

1. Ingressförsök 1

Låt eleverna lista en mängd ämnen de skulle vilja få information om. Lotta ut ämnena i basgrupper eller låt respektive grupp välja ett ämne. Exempel: organdonation, såpopera, skrattets betydelse för hälsan, Madonna, vikten av motion, födelsekontroll eller vikten av att ha en god utbildning. Låt dem diskutera vad som är viktigt att ta med i en tänkt information utifrån den givna rubriken.

De skall sedan skriva en inledning till ämne där de

- väcker åhörarnas intresse
- introducerar ämnet
- relaterar ämnet till åhörarna
- fastställer sin trovärdighet som talare
- avslutar med en övergång till första huvudpunkten.

Varje basgrupp redovisar sitt förslag och alla får ge respons på de olika förslagen.

2. Ingressförsök 2

Låt eleverna i mindre grupper skriva två olika inledningar till de ämnen de valt att arbeta med från övningarna i ”Språk och stil”. Varje grupp arbetar tillsammans med ett ämne i taget så att de får diskutera och belysa fördelar och nackdelar med olika infallsvinklar. Varje elev redovisar sedan sitt val av inledning inför klassen.

Det är bra att inför varje framförande pröva några olika inledningar och välja ut den som passar bäst. Om eleverna har fått träna detta i grupp kan de sedan på egen hand kopiera förfaringssättet då de förbereder sina tal hemma.

3. Slutet gott, allting gott

Låt eleverna i mindre grupper planera två olika avslutningar på de tal de tidigare arbetat med. Avslutningen skall understryka huvudtanken, vara minnesvärd och signalera ett tydligt slut. Precis som vid arbetet med inledningen är det bra att också vid avslutningen pröva olika grepp och utvärdera dem, med tanke på åhörare, situation och syfte.

Också denna övning kan redovisas muntligt inför klassen, eventuellt samtidigt med övningen för inledning. Gör man detta framgår det tydligt hur väl grupperna lyckats knyta ihop inledning och avslutning.

4. Före början och efter slutet

Låt var och en välja ut en film eller roman som är väl känd. Alla ska nu skriva ner en historia om början före början, en inledning till vad som hände innan filmen eller romanen började. Gör likadant med slutet, vad hände efter det att historien tagit slut, hur kan man fortsätta och sedan hitta en ny avslutning. Var och en läser upp sina förslag för gruppen.

5. Avslutningsmarkörer

Förutom en bra talstruktur med en tydlig språklig avslutning markerar en talare oftast sitt tal med olika talmarkörer t.ex. att rösten sjunker, saktar in, talaren tystnar och tar en paus inför avslutningen osv. Det finns även ord som markerar en avslutning. Lista verbala och icke-verbala avslutningsmarkörer och pröva dem med hjälp av korta texter som man får läsa upp som tal. Använd sagor, tidskriftsartiklar etc.

6. Filmspråk

Film är mångas favoritområde, man kan repliker ur filmer och kan leka med allusioner. Nedan återfinns några berömda repliker ur kända amerikanska filmer. Hur kan man använda dessa repliker för att inleda olika typer av tal?

- ”I’ll be back.” (The Terminator)

- ”Frankly, my dear, I don’t give a damn.” (Gone With The Wind)
- ”Beam me up, Scotty.” (Star Trek)
- ”May the force be with you.” (Star Wars)
- ”Life is like a box of chocolates.” (Forrest Gump)
- ”You talking to me?” (Taxi Driver)
- ”Show me the money.” (Jerry Maguire)
- ”Do you feel lucky, punk?” (Dirty Harry)
- ”He’s looking at you, kid.” (Casablanca)
- ”Nobody puts Baby in the corner.” (Dirty Dancing)

Källa: myfilms.com/Ananova.com

7. Skapa med hjälp av citat och ordspråk

Skriv ner citat och ordspråk på lappar. Lägg lapparna i två olika kuvert. Varje basgrupp får dra en lapp från respektive kuvert. Låt varje grupp skissa på ett utkast till ett tal som utgår från citatet och ordspråket.

Exempel citat:

”Att lära känna andra är vishet. Att lära känna sig själv är den högsta visheten.” Laozi

”Det största misstag du kan göra här i livet är att ständigt frukta att göra ett.” Elbert Hubbard

”Alla människor har rätt att framföra sin åsikt, men ingen har rätt att föra fram felaktiga fakta.” Benard Baruch

”Kreativitet är inte att skapa trygghet, det är att ta risker och våga misslyckas.” Lennart Hellsing

Exempel ordspråk:

”Morgonstund har guld i mun.”

”Bättre en fågel i handen än hundra i skogen.”

”Man skall inte gå över ån efter vatten.”

”Livet är inte alltid en dans på rosor.”

8. Tidningsspråk

Ta med dagstidningar till ett lektionstillfälle. Låt alla deltagare välja och klippa ut artiklar ur tidningarna och därefter klippa bort första och sista stycket. De behåller sina urklippta meningar och byter sedan artikel med den som sitter bredvid. Vad kan ha varit rätt inledning och avslutning i den stympade artikeln? Skriv ned förslagen och jämför med de ursprungliga artiklarna.

8

UTKAST OCH MANUS

1. Aktuellt
2. Jag skulle ... Jag vill ...
3. Fortsatta manusövningar
4. Öva på olika typer av manus
5. Manus – träna tankekartor och kluster
6. Träna övergångar

1. Aktuellt

Eleverna sitter i 4-mannagrupper och utifrån en aktuell informativ artikel ur en dagstidning får de i uppgift att bearbeta texten och skriva ner nyckelord. Grupperna arbetar med olika artiklar och en elev från varje grupp får gå fram och med hjälp av nyckelorden redovisa gruppens artikel.

Denna övning kan genomföras vid flera tillfällen med varierande texter och ge alla fyra eleverna i varje grupp tillfälle att få redovisa inför klassen med stöd av nyckelord. Hela 4-mannagruppen ansvarar kollektivt för varje presentation.

Återberättandet med egna ord och med talspråksvändningar brukar leda till diskussion om hur viktigt det är att öva sig i att tala fritt utan ett alltför detaljerat manus.

2. Jag skulle ... Jag vill ...

Eleverna sitter i 4-mannagrupper tätt runt ett litet bord. Dela in dem i A, B, C och D i respektive grupp. Alla grupper arbetar parallellt. På bordet i varje grupp ligger kort med baksidan upp märkta med A, B, C och D.

På kommando från läraren vänder alla A-elever sina kort och läser upp den fråga som står på kortet. Under 2 minuter svarar A helt oförberett på kortets fråga:

- A: Vad skulle du göra om du fick 10 000 kronor att spendera hur du vill?
- B: Vilken person/vilka personer skulle du helst vilja träffa just nu?
- C: Vad vill du göra när du går ut 9:an/3:an?
- D: Vart skulle du helst vilja resa och varför?

Efter 2 minuter avbryter läraren och B gör samma sak i respektive grupp osv. Läraren tar tid och alla grupper sitter tätt, talar lågt och fnissar diskret. När alla fyra eleverna har talat oförberett i sin grupp tar de fram papper och penna och antecknar nu nyckelord för att kunna göra om samma övning, denna gång som ett förberett tal.

Val av dispositionsmodell kan nu bli en annan, uppläggningen ny, alternativt densamma som för det improviserade talet. Vilka nyckelord behöver jag ha med för att vara säker på att min disposition blir lätt att följa? Vilka är de viktigaste orden för att mitt innehåll skall nå fram? Varje elev arbetar under tystnad med sitt förslag i ca 5–8 minuter.

Efter totalt ca 10 minuter får alla lägga bort papper och penna och vända upp och ner på sina anteckningar. I valfri ordning framför nu var och en under max 2 minuter sitt förberedda tal i respektive grupp. En i gruppen tar tid. Kamraterna ger direkt respons efter varje tal och när alla fyra har talat, diskuterar varje grupp sina erfarenheter av vad nyckelorden har för funktion och vad man skall tänka på, när man skriver ett manus i form av nyckelord.

3. Fortsatta manusövningar

Öva på de olika tekniker som har diskuterats tidigare.

4. Öva på olika typer av manus

Variera övningen på olika sätt. Börja med att införskaffa registerkort i storlek A5 alternativt A6. Ge alla elever fem registerkort att använda för manus enligt modell som presenterats tidigare.

Ge alla eleverna blanka A4-papper att använda för manus. Diskutera skillnader!

5. Manus – träna tankekartor och kluster

Eleverna arbetar med att i grupper först träna manusteknik genom att göra en text i kluster på en A4-sida om en känd person, idol, författare, upptäcktsresande och belysa alla olika aspekter av personens liv och verk. Därefter håller varje elev ett tal utgående från manuset. Diskutera i gruppen hur det känns att hålla tal med hjälp av detta kluster.

Gör sedan om samma fakta till en tankekarta, genomför talövningen och diskutera för- och nackdelar med de olika teknikerna.

6. Träna övergångar

I ett tal är det viktigt att tydligt signalera samband. Lyssnarna behöver guidas, lotsas genom talet. Låt eleverna arbeta med ord från övning 5 och nu speciellt fokusera på sambandssignaler.

Se lärarboken kapitel 8, sidan 156 för exempel.

9

SPRÅK OCH STIL

1. Korrekt språk
2. Klart språk – exakt
3. Klart språk – konkret
4. Klart språk – enkelt
5. Målande språk
6. Nyhetsvinkling
7. Ord i tidskapsel
8. Gamla sagor i ny språkdräkt
9. Nyheter – don efter person
10. Mellgra i blirkanden
11. Fult och fint
12. Semesterhälsningen
13. Berätta i grupp
14. Ordspråk på kanslisvenska

1. Korrekt språk

Alla skriver i grupper, 3–5 personer i varje, ett treminuters tal med så många modeord och slanguttryck som möjligt. Sedan skriver de om talet och byter ut dessa ord och uttryck mot sådana som lämpar sig för ett mer korrekt skriftspråk. Båda versionerna läses upp för hela gruppen. Diskutera sedan vilka reaktioner det ena eller andra uttrycket kan väcka hos publiken. Diskutera gränsfallen.

2. Klart språk – exakt

Gör övningar av den här typen:
Vilket ord passar bäst var? Välj mellan promenera, hasa, flanera, marschera.

- Vi tycker om att .... i Botaniska trädgården om våren.
- Jag var så trött att jag .... mig hem.
- Musikkåren .... längs gatan till muntra toner.
- Om man .... i stället för att ta bilen blir konditionen bättre.

3. Klart språk – konkret

Du kastar om orden och låter gruppen rangordna följande ord i en abstraktionsstege, från mer allmängiltig till konkret form:

- Djur, däggdjur, hund, Fido
- Växt, grönsak, morot
- Byggnad, stort hus, tolvrumsvilla
- Träd, lövträd, ek
- Bok, roman, Utvandrarna

4. Klart språk – enkelt

Bearbeta meningar av den här typen, så att de blir lättare att förstå:

- Hennes intention var att permanent bosätta sig utrikes.
- Ljudintrycken korresponderade inte med de visuella förväntningarna.
- Han gjorde ett flagrant övegrepp i rättssak.

5. Målande språk

Alla skriver ett tal i 4-mannagrupper och använder sig av så många retoriska figurer som möjligt.

Ge i uppgift att lyssna efter och att iaktta retoriska figurer i radio och TV, annonser och reklam. I 4-mannagrupper ansvarar man för att bevaka massmedia en vecka i taget. Redovisningar inför gruppen sker varje vecka. Åhörarna brukar ha en mängd exempel att fylla på med, vilket gör dem medvetna om den stora mängd retoriska grepp som möter oss i olika medier.

6. Nyhetsvinkling

Eleverna arbetar i grupper om 4–5 personer, varje grupp får en saga att bearbeta och presentera som en aktuell nyhet. Gruppen skall förbereda ett inslag i kvällens nyhetssändning på radio alternativt TV om Snövit, Rödluvan, Hans och Greta eller Pojken som åt i kapp med jätten.

Sagan får förläggas var som helst, när som helst osv. Man får fritt föra in olika perspektiv på händelseförloppet, men sagans ursprungliga handling skall finnas med som en kärna i inslaget. Nyheten skall påannonseras, rapporteras och belysas med korta intervjuer med t.ex. inblandade personer, ögonvittnen, grannar, experter, psykologer … Här handlar det om att finna det rappa journalistiska språket som fångar åhörarnas intresse, ger dem relevant information och belyser händelsen ur olika perspektiv.

Grupperna får arbeta ca 20 minuter helt fritt. Det är viktigt att betona för eleverna att den begränsade förberedelsetiden kräver att de alla under redovisningen är beredda att improvisera mycket utifrån den överenskomna vinklingen av respektive saga.

7. Ord i tidskapsel

Alla får en lista med ord som de individuellt skall definiera och/eller skriva synonymer till. I 4-mannagrupper får de diskutera fram en förklaring av ordets innebörd just i detta sammanhang. Denna ordlista skall kunna ligga i en tidskapsel ett antal år och sedan kunna läsas och förstås av senare generationer. En variant är att man får en identisk lista med ord att ta med hem till sin familj, äldre och yngre släktingar, grannar och vänner och be dem definiera orden.

Finns det en skillnad mellan olika generationers definition av ord och begrepp? Hur ska jag som talare inför grupper kunna anpassa mitt språk för att lättare uppnå mitt syfte? Vilka definitioner av ords innebörd ska jag göra? Vilka hänsyn ska jag ta, bör jag ta? Vad riskerar jag när jag prövar gränser? När är det rimligt att pröva? När är det fel att pröva?

Ord att arbeta med:

OK	AIDS	droger	grymt	välstånd	rättvisa
cool	lojalitet	kamrat	häftig	solidaritet	bidrag
lycka	frihet	radikal	sjukt	homosexuell	konservativ
hög	service	typ	hem	fundamentalist	vänskap

8. Gamla sagor i ny språkdräkt

När man tränar den språkliga utformningen är det tacksamt att göra denna övning och låta den få ta tid. Låt varje basgrupp dra en lapp där du skrivit titeln på en berömd saga, t.ex. Bockarna Bruse, Rödluvan, Guldlock, Törnrosa.

Nu ska de välja en nyckelscen, formulera orden och meningarna som om:

- Sagan utspelar sig under förra seklet och språket är lastat med många retoriska figurer: tretal, metaforer, antiteser, litoteser, etc.
- Sagan utspelar sig idag och språket är förortssvenska, typiska rapputtryck eller någon annan nutida språkform.

Redovisa för hela gruppen genom att läsa upp resultatet eller spela upp ett rollspel.

9. Nyheter – don efter person

Alla väljer ut en aktuell artikel i en dags- eller veckotidning. Det kan vara skvaller, vetenskapliga innovationer, viktiga världsnyheter, lokala händelser m.m. Återberätta nyheten för fem olika personer:

- En femårig flicka
- En lärare i samhällskunskap
- En 85-åriga släkting
- Bästa vännen
- En arbetsgivare

Hur förändras språket, stilnivån, innehållet? Övningen görs först i basgruppen och sedan inför hela gruppen.

10. Mellgra i blirkanden

Lek tillsammans med bokstäver och ord. Alla ska känna efter hur vokaler och konsonanter kan skapa ord i olika kombinationer och försöka hitta på helt nya ord. Bestäm gärna om innovationen är ett adjektiv, substantiv eller verb.

Efter att ha skapat sitt nya ord ska de försöka göra ordet trovärdigt genom att smyga in det i en historia. Alla får 5–10 minuter på sig att skriva meningar där de nya orden ingår, meningar som får de nya orden att verka rimliga när de ingår i ett sammanhang.

De kan inleda med: ”När jag kom hem … (ordet). Jag älskar att … (ordet). Vet du vad som är det bästa med (ordet)? Såg du den nya … (ordet)”

Läs upp för varandra i basgruppen.

11. Fult och fint

Vilka ord är fina? Finns det verkligen fula ord? Alla skriver ner fem ”fula” ord på fem olika lappar och fem ”fina” ord på fem andra papperslappar. Var tydlig med att det inte ska vara könsord eller svordomar. Däremot kan det vara vilka substantiv, adjektiv, verb, metaforer som på något sätt upplevs som ”fina” eller ”fula” till innehåll eller form. Exempel: älva, kärlek, kanelbulle, sväva, mormor – krascha, slemmig, hota, marknadens glupska käftar, pyton.

Alla drar fem ”fula” ordlappar och fem ”fina” ordlappar. Nu ska alla skriva en dikt eller vers av vilket slag man vill, kanske en haiku, limerick, orimmat etc. Läs upp i basgrupperna och välj en av gruppens dikter att läsas upp för hela gruppen.

12. Semesterhälsningen

Ta med två vykort till var och en, och låt dem beskriva en resa till paradiset samt en resa till helvetet genom att skriva semesterhälsningar hem från båda platserna.

Vad som upplevs som helvetesplats kan vara olika för alla, något man kan diskutera i grupperna liksom vilka ord som förstärker de negativa och de positiva intrycken. Vilken vykortshälsning blev intressantast? Varför? Vilka metaforer beskriver bäst upplevelserna på de olika platserna?

13. Berätta i grupp

- Alla i basgruppen beskriver något som de älskar: en plats, ett föremål eller en företeelse. Använd känsloladdade ord. Efter varje kort berättelse ställer alla i gruppen varsin fråga till talaren.
- Alla i basgruppen beskriver något som de avskyr: en plats, ett föremål eller en företeelse. Använd känslo-laddade ord. Alla ställer varsin fråga till talaren efter beskrivningen.
- Alla i basgruppen beskriver något roligt, positivt som de varit med om. Använd känsloladdade ord. Alla ställer varsin fråga till talaren efter beskrivningen.
- Alla i basgruppen beskriver något tråkigt, negativt som de varit med om. Använd känsloladdade ord. Alla ställer varsin fråga till talaren efter beskrivningen.

Gemensamt samtal efteråt: Vilka berättelser är engagerande, vad krävs för att göra en berättelse levande och hur får man en publik att lyssna?

14. Ordspråk på kanslisvenska

Vilka ordspråk gömmer sig i den här "kanslisvenskan"? Arbeta i basgrupper och diskutera de enskilda ordens betydelse, för att komma fram till rätt ordspråk.

- A. Kvaliteten hos ett genom extraktion av animaliska och/ eller vegetabiliska komponenter igenom upphettning aktiverat fluidum framställt nutritivt preparat förhåller sig omvänt till numerären hos den i produktionen engagerade kulinariska personalen.
- B. Vid en komparativ analys av å ena sidan ett manuellt baserat specimen av klassen Aves och å andra sidan cirka en fjortondels gros dylika i en population av förvedade fanerogamer torde det förra bedömas som potentiellt gynnsammare.

- C. Personer vilka residera i arkitektoniska kreationer av en megastabil transparent smältprodukt av övervägande kiselsyra, bör iakttaga abstinens i fråga om det skyndsamma omlokaliserandet av smärre petrologiska enheter.
- D. Den vokala manifestationen av emotionell satisfaktion bör senareläggas till en tidpunkt hinsides det att forcerandet av en till ytan relativt begränsad naturlig akvedukt till fullo genomförts.
- E. Att ett objekt, som reflekterar majoriteten av den kortvågiga elektromagnetiska strålning som träffar dess yta, so ipse utgöres av grundämnet Au, är en konklusion behäftad med intoleranta felmarginaler.
- F. En visuellt handikappad feminin individ av de domesticerade formerna av släktet Gallus kan undantagsvis excellera i lokaliserandet av diminutiv enhet av cerealt födoämne.
- G. En med avseende på volym och massa minimal anhopning av mineralisk och vegetabilisk substans kan upphäva den statistiska jämvikten hos en vida omfångsrikare, å rullande transportanordning vilande anhopning av materia av icke närmare specificerad natur.
- H. Objekt vilka kamoufleras i en säsongsbetonad kristallinisk tillståndsform av H^2O blottlägges vid denna övergång till större molekylär rörlighet.
- I. Verbal expansion förenas ofta med ett objektivt sett ringa format på planeten Tellus.

10

FRAMFÖRANDET

1. Högläsning av texter i små grupper
2. Körläsning av dikt med framförande
3. Diktläsning
4. Gäster med gester
5. Videoinspelningar
6. Korta tal på video
7. Fortsatta artikulationsövningar
8. Diktläsning på video
9. Tala som Demosthenes
10. Vandrande känslor
11. Påannonsering
12. Stafettläsning
13. Giraffspråk
14. Rap battle – ordduell
15. Talbok
16. Hotbilder
17. Minnesträning – viskleken skriftledes
18. En mening – många uttryck

1. Högläsning av texter i små grupper

Dela in gruppen i mindre grupper med 4–6 personer i varje. Låt grupperna öva högläsning av texter. Uppmana dem att pröva och diskutera alternativa sätt att läsa. Jag brukar ge dem en specifik uppgift att arbeta med varje gång de gör denna övning: Idag arbetar vi med frasering och pausering, alternativt dramatisk läsning.

En bra inledning till dessa övningar ger Bengt Bratts impulsmetod, som han beskrivit i flera av sina böcker, t.ex. i ”Språkutveckling – vägen till kunskap” (Studentlitteratur 1985). Här ger han också många goda råd om hur man kan arbeta vidare med högläsning i olika former – alla övningar han beskriver fungerar mycket bra.

Artikulation övar vi utifrån olika böcker med företrädesvis rim och ramsor och startar då med:

- Lennart Hellsing och Poul Ströyer: ”ABC”
- Alf Henrikson och Björn Berg: ”Alfabetets användning anar aporna aldrig”
- Bengt af Klintberg och Gunilla Axén: ”När King-Kong spelar ping-pong”

Därefter läser vi sagor ur tillgängliga böcker vi har. Sandro Key-Åbergs roliga ”Scenprator” är bra texter för grupparbete. Som avslutning frossar vi i Tage Danielsson samlade verk.

En genomgående instruktion är att de skall läsa, lyssna och ge regianvisningar. Att lyssna på andras röster och hjälpa till med att få fram bästa tänkbara högläsningsröst ger många insikter inför arbetet med den egna rösten. Dessa övningar med högläsning i små grupper kan upprepas i det oändliga och går att variera så att eleverna hela tiden möter nya utmaningar.

2. Körläsning av dikt med framförande

Alla deltagare delas in i grupper om 8–10 personer och varje mindre grupp får en dikt. Denna dikt skall efter noggrann bearbetning och repetition i respektive grupp framföras på valfritt sätt inför hela storgruppen. Texten får inte förändras men alla till buds stående para- och extralingvistiska effektmedel får användas: eko, upprepningar, rapp, gängbildning, rytmer, stämmor, variationer i tempo och klanger, gester, mimik och bakgrundsljud. Under redovisningen skall alla i gruppen delta och rummet får utnyttjas på valfritt sätt.

Efter körläsningen har vi ett gemensamt samtal om vad vi nu kan om rösthantering och vad man specifikt måste tänka på då man läser högt. När tycker jag som åhörare att uppläsningen är njutbar? Vi samlar råd på tavlan och alla tar listan med sig hem och använder den som förberedelse för nästa övning, diktläsning.

3. Diktläsning

Varje deltagare får i uppgift att välja ut en dikt att läsa högt i gruppen om 8–10 personer:

- Läs upp dikten.
- Kommentera valet av dikt och säg några ord om vad dikten betyder för dig, några personliga synpunkter om t.ex. bildspråk, rytm, rim och belysa detta med exempel.
- Till sist, läs dikten en gång till, så att alla får uppleva texten efter den personliga kommentaren.

Gruppen ger nu respons på röstbehandling i uppläsningen och ”det lilla pratet”, styrkor och svagheter lyfts fram och goda råd om röstbehandling diskuteras. Deltagarna arbetar med turtagning och noterar all respons.

Tillsammans jämför vi sedan de olika gruppernas upplevelser av uppläsnings- och berättarröst.

4. Gäster med gester

Spela upp/lek med charader, t.ex. som i tv-programmet ”Gäster med gester”. Diskutera efteråt vilka svårigheter man stötte på. Varför är vissa saker så svåra att förmedla utan ord? Inventera vad det är som är svårt att gestalta pantomimiskt.

5. Videoinspelningar

Banda olika talare i varierande talsituationer, även scener från teaterföreställningar och filmer. Spela upp en sekvens utan ljud och låt eleverna anteckna allt de kan iaktta av det extralingvistiska i framförandet. Diskutera alla iakttagelser gemensamt och bedöm talarens kroppsspråk på skalan uttrycksfullt, effektivt till ytterligheten dåligt, tamt eller ineffektivt. Spela upp inslaget en gång till nu med ljud. Lyssna, iakttag och diskutera framförandetekniken i sin helhet.

Efter att ha iakttagit och diskuterat olika personers teknik inspelat på video, arbetar vi med charader ytterligare en omgång, då gärna i 10-mannagrupper som arbetar parallellt med 5 personer i varje lag.

6. Korta tal på video

Videobanda ett kort tal som deltagarna håller inför gruppen. Ge sedvanlig kort muntlig respons. Låt 4–6 talare framträda per arbetspass och denna lilla grupp får sedan i ett grupprum se på videon och kommentera sig själva och varandra. Denna lilla grupp skriver ett protokoll, en redovisning av ”Vad har vi lärt oss om framförandeteknik?” Dessa protokoll samlas in och efter denna lektionsserie får man en mycket god bild av vad eleverna förmår att iaktta och uttrycka i ord.

Denna övning är mycket uppskattad och de flesta intygar att det var lika roligt som pirrigt att få se sig själv och få prata om sitt framträdande på detta sätt. Det skrattas och uschas mycket under denna granskning och kamratliga diskussion. Alla som deltar i gruppen skall alltså finnas med på dagens inspelning – alla skall vara delaktiga i den gemensamma erfarenheten.

7. Fortsatta artikulationsövningar

Arbeta med video eller bandspelare, alternativt både och, parallellt i smågrupper. Tungvrickningsramsor som Fiskare Fritz och Sjösjuka sjömän från Bengt Bratts övningar skall läsas med maximalt utnyttjande av alla röstråd vi nu har samlat på oss.

8. Diktläsning på video

Gör om övning 6, men nu med utgångspunkt från diktläsning. Detta är krävande och fordrar en växling mellan uppläsning och berättande, vilket deltagarna nu är mogna för och de vågar dessutom göra de pauser presentationen kräver.

9. Tala som Demosthenes

Berätta om Demosthenes och hans kamp med att träna sin röst med kiselstenar i munnen. Dela sedan ut popcorn och be alla fylla munnen. Ge dem papper med korta dikter eller limerickar och be dem läsa högt och vila på vokalerna och spotta ut konsonanterna med popcornen kvar i munnen. Detta är en lekfull övning som gör deltagarna mer medvetna om att de måste träna, träna för att kunna artikulera.

10. Vandrande känslor

Välj ut en reklamslogan som är aktuell eller någon form av information och låt alla vandra förbi talarstolen och läsa upp samma mening(ar) som ni gemensamt valt ut men med olika känslor i rösten. Låt alla dra en lapp med olika känslor: besvikelse, hopp, lycka, trötthet, bitterhet, ironi, förväntan, okunnighet etc. Ingen får chansen att förbereda sig. Gör sedan samma sak men låtsas nu att det ska sägas inför olika målgrupper t.ex. gruvarbetare, turistgrupp på charterresa, en mellanstadieklass, munkar på ett kloster, SPA-deltagare. Glöm inte att föreslå att även ändra betoningen!

11. Påannonsering

Låt eleverna helt kort påannonsera varandra inför framförandet av några olika tal. Jämför med hur man i nyhetssändningar informerar om kommande inslag. Lek med olika infallsvinklar. T.ex.: "Nu skall hälsofreaket Malin Jonsson informera oss om vikten av motion."

12. Stafettläsning

Välj en kort saga eller novell och lägg in en stund under varje undervisningstillfälle när några i taget läser högt och tränar artikulation, tempo, betoningar etc. Förbered texten genom att markera betoningar och när man bör titta upp och pausera. Detta kan ske i varierande storlek på grupper.

13. Giraffspråk

Instruera alla att vara antingen en giraff eller en varg och spela upp korta scener. En varg bedömer och dömer människor, angriper och talar om för andra hur de är. Men medan vargen hugger andra människor i strupen, använder giraffen hjärtat. Giraffen undviker konflikter, säger mer hur han själv känner när någon reagerar och agerar på ett visst sätt, istället för att säga till andra vad de gör för fel. Genom att ha en lång hals får giraffen överblick och ser helheten innan han talar.

Scenerna kan vara t.ex. ett syskon som retar sin bror/syster, en förälder som förbjuder sin dotter/son att gå på en fest, ett ungt par som inte kommer överens om vilken soffa de ska köpa på IKEA.

Efter ett tag byter man roll och prövar på den andra sidans sätt att tala och känna.

14. Rap battle – ordduell

Att duellera med ord kan göras med hjälp av färdiga raptexter men deltagarna kan göra egna ganska lätt genom att först lyssna på en raplåt eller se på en film där två personer möts i en verbal brottningsmatch, en "rap battle". Många känner säkert till mer än läraren hur det kan låta och i vilka filmer man kan se exempel på detta. Variant: Ge två elever varsin roll t.ex. två personer som möts i en affär, den ena är rånare och den andra är affärsbiträde. Innan något hinner hända uppstår en diskussion som övergår i en verbal brottningsmatch där det gäller att tala längst, övertyga bäst och få sista ordet. Läraren kan ge tio ord som måste finnas med i bådas argumentation.

15. Talbok

Låt alla läsa en kort skönlitterär text och öva pausering och frasering som om de skulle läsa in en talbok. När de tränat med pauser, volym, tonläge och intonation lyssnar de blundande till varandras uppläsningar. De uppmanas sedan ge respons på hörbarhet och upplevelse. Tove Janssons texter, t.ex. "Det osynliga barnet" fungerar mycket bra.

16. Hotbilder

Pandemier, växthuseffekten, svininfluensa och andra hot – dagsaktuella diskussioner. Vad tas upp i tidningarna, vad är det senaste hotet? Låt alla komma med förslag vad som skrivs mest om i tidningar för tillfället. Är det fågelinfluensa, klimathotet, terrorismen? Hur låter det när gubbarna på bänken i ett köpcenter diskuterar, fiskarna i fiskelägret, fjortonåriga tjejer på spårvagnen, småbarns-föräldrarna i lekparkens sandlåda eller herrarna på affärslunch?

Låt grupperna diskutera infallsvinklar och ordval, förbereda en scen och, efter att ha tränat, spela upp den inför hela gruppen.

17. Minnesträning – viskleken skriftledes

En variant av den gamla klassrumsleken där en viskande mening förvandlas allt eftersom den passerar genom många öron och hjärnor. Kopiera två historier, en kort och en lite längre, båda med många detaljer och namn. Be två personer att läsa varsin text under tystnad i en minut. Efter en halv minut skriver de ner vad de kommer ihåg av sina respektive texter. Som i en stafett lämnar de sedan över sin historia och penna till nästa person som alltså bara får läsa föregående skribents version en kort stund, sedan vända lappen upp och ner och skriva ner den ur minnet.

Den långa berättelsen avslutas efter att ca sju, åtta stycken skrivit ner den. Läs upp originalhistorien och den sista elevens alster. Vilka tankar, ord och delar har förändrats? Finns den röda tråden kvar, är poängen med historien fortfarande tydlig? Vad kan man dra för slutsatser av detta när man själv ska tala och hoppas på att publiken ska förstå och komma ihåg?

Den kortare historien kan man spara till nästa vecka. En person ska alltså försöka komma ihåg allt under en hel vecka, då hon redovisar vad hon kommer ihåg. Även här jämförs originalhistorien och den återberättade samt eventuella skillnader diskuteras.

18. En mening – många uttryck

Att arbeta med en given text kan börja i liten skala. Hela klassen får samma mening att arbeta med. Du skriver på tavlan, t. ex.: "I dag är det bara två dagar kvar till lovet". Eleverna får sedan dra lappar där det anges med vilket uttryck denna mening skall sägas. De skall använda både röst och kroppsspråk för att åskådliggöra uttrycket. Instruktionen kan t. ex. gälla sinnestillstånd, känslor eller fysiskt tillstånd.

Kamraterna får gissa vad aktören gestaltar, t.ex. överlycklig, arg eller förkyld. Beroende på undervisningsgrupp kan redovisningsformen variera. Antingen drar eleverna ett kort då de kommer fram inför klassen och improviserar sin känsla/ sinnesstämning direkt. Eller också drar flera elever kort samtidigt och reser sig spontant när de vill göra sin presentation.

Kommentar
Denna enkla improvisationsövning ger en bra bild av hur viktigt det är att både verbala och icke-verbala signaler är kongruenta. När eleverna senare står inför klassen med sina förberedda tal har de i den här typen av övning blivit medvetna om hur små nyanser i röst och kroppsspråk påverkar åhörarna och kan på så sätt undvika att sända oavsiktliga signaler.

11

DET INFORMATIVA TALET

1. Labyrinten
2. Personporträtt
3. Definiera
4. Demonstrera
5. Vem är du – föremål berättar
6. Målgrupper
7. Efter informativa talen – diskussion
8. Smultronstället i mina drömmar
9. Ego
10. Turistens klagan
11. Dagens nyheter
12. Att informera med talmanus

1. Labyrinten

Rita upp en labyrint med en ingång och fyra utgångar och kopiera denna bild till alla. Låt dem sätta sig i grupper, 4–6 i varje grupp. En i taget i varje grupp får en version av labyrinten med markerad väg från ingången fram till en bestämd utgång där det ligger ett hus. Han skall nu lotsa alla de andra genom labyrinten genom att beskriva den väg han har på sin karta. De som lyssnar får inte fråga eller visa varandra. Alla skall rita ut vägen efter beskrivningen och försöka nå rätt utgång.

Då berättaren är vid huset stannar han och alla i gruppen visar var de har hamnat i labyrinten. Målet är att så många som möjligt skall komma ut ur labyrinten vid rätt utgång. Nu kan gruppen jämföra sina resultat med facit och diskutera eventuella svårigheter.

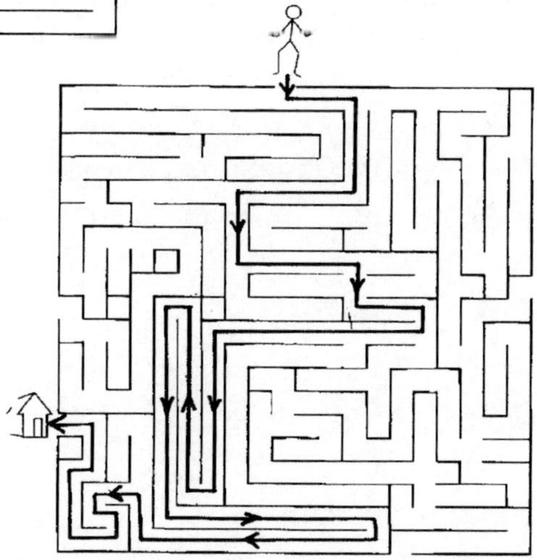

Denna övning kan upprepas med en ny berättare som tydligare kan tillgodose lyssnarnas behov och få fler att komma fram till en annan utgång som den nya berättaren har markerad på sin karta.

2. Personporträtt

Kopiera utdrag om kända personer ur en uppslagsbok eller från nätet:

- Winston Churchill
- Florence Nightingale
- Björn Borg
- Leonardo da Vinci
- Astrid Lindgren
- Barack Obama
- Prinsessan Madeleine
- Zlatan Ibrahimovic
- Bill Gates
- Joanne Rowling

Dela ut fakta om en person per grupp. Nu ska alla sitta i 4-mannagrupper och använda informationsmaterialet och bygga upp en berättelse om sin person så levande och målande som möjligt. Det handlar om att utifrån torra fakta kunna måla upp en livfull bild av en person. Varje grupp redovisar porträttet av sin person och alla i gruppen deltar i redovisningen.

3. Definiera

I 4-mannagrupper skriver man korta definitioner så fullständigt som möjligt av ord/begrepp. Alla i gruppen skall vara överens om att de olika aspekterna av ordets innebörd täcks av definitionen, av ord/begrepp som t.ex. idealmannen, idealkvinnan, lycka, rättvisa, sanning, demokrati, lojalitet.

En från varje grupp läser upp gruppens förslag till definition och alla gruppers förslag jämförs och diskuteras. Efter tre till fyra uppgifter brukar de flesta inse hur tydliga definitioner måste vara och hur svårt det är att göra exakta avgränsningar.

4. Demonstrera

Deltagarna får i uppgift att förbereda en demonstration av hur man utför olika saker:

- Vika origami
- Torka blommor
- Arrangera blommor
- Visa steg i en dans

- Jonglera
- Vika pappersplan
- Läsa noter
- Rita och avläsa tabeller
- Visa Tai Chi
- Trolla
- Skriva kalligrafi
- Läsa blindskrift
- Visa grepp i sporter
- Demonstrera teckenspråket

Redovisningen kan ske i grupper om 8–10 personer så att alla kan delta i en diskussion om vad en demonstration kräver.

5. Vem är du – föremål berättar

Be alla ta fram tre föremål i sina väskor och fickor, föremål som säger något om dem. Låt någon annan i gruppen gissa varför man valt ut just dessa föremål, vad de karaktäriserar och låt sedan personen själv berätta.

6. Målgrupper

Alla skriver ett snabbt, kort och enkelt tal om t.ex. "Min käraste leksak", "Mitt drömyrke", "Sveriges fulaste plats", "Varför X är min största idol" eller liknande.

En talare går ut. Gruppen får instruktioner: Var först uttråkade, slöa och lite pratiga, för att efter en stund, när jag gör ett hemligt tecken, vara överdrivet intresserade och fokuserade.

Talaren kommer in, håller sitt tal. Led en gemensam diskussion efteråt hur talare och publik/målgrupp upplevde situationerna och vad som förändrades.

7. Efter informativa talen – diskussion

Diskutera i basgruppen hur man i varje tal har eller inte har använt hjälpmedel. Hur skulle t.ex. talet om skallerormar blivit om talaren använt databilder eller spelat upp ljud? Hur skulle talet om blodgivare blivit om talaren klätt sig på ett visst sätt?

Redovisa idéer, förbättringar eller försämringar genom att improvisera fram ett av talen i "ny dräkt".

8. Smultronstället i mina drömmar

Be alla i gruppen att i minnet försöka återvända till en plats de har besökt någon gång och gärna besöker igen, gärna "ett smultronställe". Alla beskriver sin plats för basgruppen genom att försöka få alla att känna dofterna, höra ljuden, se färgerna, känna platsen i fingertopparna och smaken på tungan.

9. Ego

"Om jag var ett land skulle jag vara Frankrike: vacker och fåfäng, konstnärlig och lättsinnig, arrogant och kolerisk och helt underbar."

Spela på schabloner och generaliseringar och låt alla göra en snabb presentation av sig själva utifrån:

- En plats
- Ett föremål
- En färg
- Ett djur
- Ett citat
- En känd person

10. Turistens klagan

Det är kris för turistnäringen i din hemstad. Vad ska man göra för att locka nya turister till besök? Vad finns som är värt att fokusera på?

Låt en av gruppmedlemmarna intervjua de andra i basgruppen som om de intervjuade var t.ex. en aktiv pensionär, en anarkist i tonåren, en 17-årig fotomodell, en medelålders fembarnsfar, en kvinnlig busschaufför, ett dagisbarn, en fotbollsspelare, en barnläkare, alltså som om de var några invånare i staden.

Vad är viktigt att ta fram för att göra staden attraktiv? Vilka frågor bör intervjuaren ställa till vem? Vilka olika svar får intervjuaren på sina frågor?

Hur skulle en broschyr se ut som kunde sälja platsen bättre till turisterna? Intervjua, diskutera och skriv ner utkast till en "bra" turistbroschyr.

11. Dagens nyheter

Välj ut nyhetsartiklar från dagens morgontidningar. Blanda ämnena: politik, lokala nyheter, sport, kändisar ... Låt varje basgrupp få i uppgift att presentera sin artikel för en tänkt målgrupp. Dagisbarn, föräldrar, en grupp pensionärer ...

Låt varje basgrupp presentera sin nyhet inför helklass. Hur anpassas innehållet, språket, stilnivå till tänkt målgrupp?

12. Att informera med talmanus

Låt alla förbereda ett 3–5 minuter långt informativt tal och utarbeta ett manus. Alla skall efter sitt framförande få respons på de specifika kriterierna för det informativa talet. Se lärarboken kapitel 11.

12

DET ARGUMENTERANDE TALET

1. Årets julklapp
2. Reklam
3. Bitande argument
4. Manligt och kvinnligt
5. Bildargumentation
6. Heta stolen
7. Mölndal eller Melbourne
8. Sanningen och ingenting annat än sanningen
9. Det är inte mitt fel!
10. Att argumentera med talmanus

1. Årets julklapp

Du skall nästa gång ta med dig en pryl som du anser borde bli årets julklapp. Visa den inte för någon, låt oss alla bli överraskade! Föreställ dig att du står på ortens gågata i centrum och har ett mycket stort lager av din pryl. Du skall på 1–2 minuter få de förbipasserande att stanna upp och bli intresserade av att lyssna på dig. De skall inse att detta är en idealisk julklapp och känna en önskan att vilja köpa just denna pryl från dig nu.

När alla elever har agerat gatuförsäljare gör vi gemensamt en inventering av vilka argumentationsknep vi har fått se exempel på.

Ett alternativ är att du som lärare har en påse prylar med till skolan och låter eleverna en efter en ta en sak ur påsen. Eleven får gå ut i korridoren med sin pryl och efter 2 minuter komma in och presentera enligt ovan. När en elev kommer in för att lansera sin pryl går nästa ut för att förbereda sig.

2. Reklam

Eleverna får i uppgift att titta på några TV-kanaler som har reklam och notera hur reklammakarna försöker påverka oss. Hur får de fram sitt budskap? Vilka knep använder de sig av? Vilken typ av personer eller figurer får framföra budskapet?

Samla exempel på argumentation som har till syfte att få oss att köpa, resa eller agera på något sätt. Granska argumenten och se hur reklammakarna använder sig av bildkonst, musik, fakta, statistik, expertutlåtanden och känslor.

3. Bitande argument

Skriv en mängd lappar med olika argumentationsämnen, som inte är alltför kontroversiella eller provokativa. Låt en elev dra en lapp. Eleven kan gå ut i korridoren i 4 minuter för att tänka igenom en argumentation. Presentationen får bara vara i 2 minuter och när en elev presenterar går en annan ut i korridoren och förbereder sig. Denna korta förberedelsetid avdramatiserar presentationen och ger eleverna en möjlighet att spåna relativt oförberett. Enkla ämnen som de flesta har åsikter om lämpar sig för denna typ av övning:

- Skatterna bör skärpas för höginkomsttagare
- Körkortsprov vart 10:e år för alla
- Det är alltid fel att ljuga
- Fler cykelbanor i stan
- Totalförbjud rökning
- Inför motbok alternativt begränsa inköpen av alkohol
- Totalförbjud alla fyrverkerier

När alla elever har gjort denna korta övning i att argumentera oförberett kan man sammanfatta de olika infallsvinklar de har använt sig av på tavlan. Detta är en bra erfarenhet inför förberedda argumentationer.

4. Manligt och kvinnligt

Variera övningen "Bitande argument" med att framföra argumenten som om man vore en talare av motsatt kön. Flickorna/kvinnorna blir killar med manligt kroppsspråk och manligt sätt att uttrycka sig och tvärtom. Vilka argument blir annorlunda, vilka ord och formuleringar byts ut, hur rör jag mig nu? Använder vi mer eller mindre patos?

5. Bildargumentation

Till nästa gång uppmanas alla att välja en bild att ta med sig, kanske en konstbild, en annons eller ett fotografi. Alla tänker över sina argument varför just deras bild är bäst. Två och två försöker de övertyga varandra om den egna bildens förträfflighet. När paret enats om vilken bild som är bäst skall de argumentera mot ett annat par och komma fram till bästa bilden av de två respektive par valt i första ronden. Efter dessa två omgångar presenterar varje kvartett argumenten för utvald bild med förberedd inledning, disponerat innehåll etc. Omröstning i helklass om bästa bild avslutar övningen.

6. Heta stolen

En person i taget får sätta sig på en stol längst fram i klassrummet. Eleven får dra en lapp där det står en tes, t.ex.:

- Tillåt dopning!
- Förbjud all turism!
- Djurförsök är viktigt för forskning!
- Det är okej att cykla på trottoaren!
- I en demokrati får man göra som man vill!

Övriga elever tänker ut argument mot personen som har hamnat i "heta stolen" och som nu ska försvara tesen gentemot de andras frågor och motargument. Finns det känsloargument eller finns det bra understödjande faktaargument?

7. Mölndal eller Melbourne?

Låt alla kort och oförberett välja sitt favoritresmål. Alla tänker ut vart de helst vill resa och varför. I ett kort tal försöker var och en övertyga de andra om att de har valt den perfekta destinationen. Vilka ord är mest "målande" och ger mest konkret känsla för platsen?

8. Sanningen och ingenting annat än sanningen

Låt alla passera talarstolen en och en i snabb följd och svara på varsin fråga där etik och värderingar klarläggs:

- Vad skulle du göra om du blev erbjuden en miljon kronor?
- Vad skulle du göra om du blev osynlig?
- En person som du själv inte tycker om vill bjuda med dig på en resa till Australien. Tackar du ja?

- Om du blev erbjuden en skönhetsoperation, skulle du tacka ja?
- Du har fått veta att det är din bästa vän är en efterlyst bankrånare. Avslöjar du din vän?
- En nazistisk grupp har skänkt 10 000 kronor till dig i tron att du är en av deras trognaste medlemmar. Behåller du pengarna?
- När ljuger du för dig själv?
- Du hittar en tusenlapp på gatan. Går du till polisen? Eller …?
- Är du beredd att ljuga för att skydda din flickvän?

Be alla skriva frågelappar innan ni börjar så ni har många etiska frågor att välja på.

9. Det är inte mitt fel!

Dela ut roller (se exempel nedan) till grupper om 4–6 elever i varje. Gruppen skriver ett försvarstal för personen och försöker hitta så många övertygande argument för sin oskuld som möjligt.

- En 14-åring som ertappats med att snatta smågodis och kläder i en affär.
- En politiker som använt svart städhjälp.
- En revisor som har tagit ut och ”lånat” pengar från en kunds konto för att klara sina egna skulder.
- En femåring som har försökt ta med sig en söt hundvalp hem som han hittat bunden utanför en affär.
- En 18-åring som just har fått sitt körkort men tagits av polisen för fortkörning.
- En arbetskamrat som förtalat och ljugit om en kollega.

Gruppen sätter samman de främsta argumenten i ett gemensamt tal och väljer en gruppmedlem som ska framföra det inför alla. Diskutera vad som gör talen övertygande. Vilka argument är starkast och varför?

10. Att argumentera med talmanus

Låt alla förbereda ett 3–5 minuter långt argumenterande tal och utarbeta ett manus. Alla skall efter sitt framförande få respons på de specifika kriterierna för det argumenterande talet. Se lärarboken kapitel 12.

13

FESTTAL

1. Hylla och prisa
2. Tacktal
3. Festtal
4. Hemliga högtidstal
5. Nobelfest

1. Hylla och prisa

Lista tillsammans alla typer av festtal, tillfällen att hålla festtal, som ni kan komma på. Dela upp dem i kategorier:

- Inramningstal: du inleder och hälsar alla välkomna till denna klass- eller firmafest som också är ett jubileum, flera andra skall tala under kvällen.
- Underhållningstal: golfklubben har samlats till vårfest och du håller ett roligt tal inför säsongens alla aktiviteter.
- Högtidstal: du hyllar din pappa på 50-årsdagen.
- Tacktal: du tackar för förstapriset i tävlingen.

Notera på lappar alla de tal som föreslagits. Lägg gärna till nya kategorier. Lägg lapparna i korgar, en korg för varje typ av tal. Korgen med tacktal reserveras för nästa övning.

Dela in eleverna i grupper om 4–6 personer. Varje grupp får dra ett kort och alla grupper drar ur samma korg. Varje grupp spånar i ca 15 minuter kring sitt tal: inledning, röd tråd och avslutning. En elev från varje grupp håller gruppens tal inför helklass.

Efteråt diskuterar alla om festtalet, dess möjligheter och fällor.

2. Tacktal

Låt klassen med utgångspunkt från övning 1 spåna vidare på kategorin tacktal. Vilka priser och stipendier finns det?

- Filmfestival
- Avslutningar
- Bästa kompis
- Bäste kämpen
- Hunddressyr
- Melodifestival
- Kaninhoppning
- Bästa rockband
- Klubbmästerskap
- Resestipendium
- Flitigaste medlem i klubben
- Fotoklubbens första pris
- Jubileumsfester
- Bästa handbollstjej
- Elevrådsstipendium
- Rotarystipendium

Alla tänkbara priser och stipendier att dela ut noteras på lappar. Vem är personen som delar ut detta pris? Ordförande, rektor, specialist, tidigare pristagare, representant för förening … Detta noteras också på lapparna.

> Bästa kompis-priset utdelas av elevrådets ordförande.
> Du har genom omröstning på skolan utsetts till vinnare.

Att tänka på vid pris- eller stipendieutdelning:

- Vad är det för tillfälle?
- Vad finns det för historik?
- Vilka har fått det tidigare?
- Vad måste man åstadkomma för att få detta pris?
- Vem har fått det idag?
- Varför får denna person priset?

Den inbördes ordningen av svaren på dessa frågor kan variera beroende på om man t.ex. vill att namnet på vinnaren skall komma som en överraskning.

> Du får ta emot ett pris i Innebandy.
> Du representerar skolans tjej- eller killag som har vunnit DM.
> En kommunpolitiker på "Fritid" delar ut priset.

Att tänka på vid mottagandet av pris eller stipendium:

- Tacka juryn, gruppen alternativt personen som tilldelat dig priset.
- Kommentera vad just detta pris betyder för dig personligen.
- Tacka dem som hjälpt och stöttat dig. Säg några ord till dem som lyssnar om vad detta pris innebär i ett större perspektiv och uppmuntra andra att kämpa för liknande priser, stipendier.
- Avsluta med att tacka med hänvisning till det du framhållit.
- Om du tar emot priset å en grupps vägnar så tala å allas vägnar men behandla också din grupp som åhörare, dvs. se till att de uppskattar det du säger.

Eleverna bildar par och bestämmer vem som är A resp. B och varje par får dra en lapp med ett angivet pris att dela ut och tacka för. Varje par (elev A + B) arbetar tillsammans med sin pris- eller stipendieutdelning och efter 5 min meddelar läraren vem som skall spela respektive roll. Till exempel att alla A skall ta emot priset! Paren får nu ytterligare några minuter för att fundera på sina respektive roller. Hela klassen får lägga bort papper och pennor och varje par får förrätta prisutdelning beledsagat av folkets jubel.

3. Festtal

Vi repeterar snabbt vilka olika typer av festtal vi känner till.

- Vad utmärker ett bra festtal?
- Hur skall man förbereda sig?

Varje elev får hemma förbereda ett 2–3 minuter långt festtal. Vid framförandet av detta tal placerar vi oss lite huller om buller runt borden i klassrummet så att talaren får uppleva en publik som vrider och vänder sig för att se och höra. De som väljer ett födelsedagstal, bröllopstal, studentexamen osv. får utse en klasskamrat till "jubilar/huvudperson" att rikta sig till. Se lärarboken kapitel 13.

4. Hemliga högtidstal

Ge alla i basgruppen varsitt A4-ark. Överst på sin egen lapp skriver var och en vem talaren i ett tänkt festtal är. Det kan vara en yrkestitel, ett känt namn eller något liknande.

Lappen där det skrivna står viks och skickas sedan motsols till nästa person. Nu skriver alla vilket sorts tal det här talet ska vara t.ex. ett tacktal till laget/tränaren efter en vunnen fotbollsfinal eller ett hyllningstal vid en 80-årsdag.

Lapparna viks ytterligare en gång så att det skrivna inte syns och skickas till näste man som skriver vilka som ska lyssna på talet, målgruppen. Det kan vara föräldrar på ett dagis, släkten under en middag, en fotbollspublik, kommunfullmäktige eller elever i årskurs 9.

Lapparna skickas en sista gång och nu skriver man tre ord som ska finnas med i talet: verb, adjektiv och substantiv. Alla lappar läggs mitt på bordet.

Alla tar var sin lapp, vecklar ut den och ser vem man skall vara, vilken sorts tal det ska vara, vilka som lyssnar och vilka tre ord som skall in. Var och en förbereder ett kort tal genom att följa instruktionerna. Efter varje tal gissar deltagarna vilka de tre orden var.

5. Nobelfest

Det är Nobelfest i Stockholms stadshus och du ska snart tacka för ditt pris. När du ska gå fram och tala inför hela världen märker du att du har tappat rösten. Visa i talarstolen hur du håller talet utan röst, utan att använda verbala signaler. Mima tydligt och ganska långsamt och använd kroppsspråket med tydliga gester och ansiktsuttryck.

14

DEBATT

1. Olika perspektiv
2. Osaklig argumentation
3. Förberedd minidebatt
4. Debattävling
5. Improviserad debatt
6. Fri debatt med två debattledare

1. Olika perspektiv

Diskutera en välkänd fråga t.ex.:

- För/emot införandet av vägtullar
- För/emot skoluniformer
- För/emot monarkin
- För/emot rökning

Skriv sex lappar eller skyltar med olika perspektiv som man kan ha som en person när man debatterar – problemskapande, reflekterande, kreativ, informerande, känslosam eller positiv.

Börja med att dela ut en skylt vardera till de sex deltagarna och låt dem försöka starta diskussionen utifrån det perspektiv, den känsla och förhållningssätt som de ska representera enligt skylten. Efter några minuter, byter man skyltar mellan debattdeltagarna och tvingar dem att på så sätt byta perspektiv. Deltagarna blir tvungna att argumentera och tänka på helt olika sätt utifrån vilken skylt de får i sin hand.

2. Osaklig argumentation

Diskutera i två debattlag, ett för och ett emot t.ex. djurförsök. Använd auktoritetsargument, ”alla-andra-argument”, personangrepp, rävsaxen, ironi, medvetet missförstå och alla andra argumentationsknep vi talat om. Jämför med hur kända politiska agitatorer har gjort.

3. Förberedd minidebatt

Lotta ut debattämnen och ståndpunkt: För eller emot införandet av skoluniform. För eller emot införandet av vägtullar.

Ge eleverna i uppdrag att till nästa lektion i par samla argument för respektive emot tesen. Nästa lektion får alla par fritt debattera sitt ämne inför hela klassen. De fyra eleverna som debatterat inför klassen får respons i första hand på argumenten.

4. Debattävling

Se lärarboken kapitel 14 för bakgrund till debattävling enligt Lincoln – Douglasmodellen.

Spelregler:

Dela in klassen i 4-mannalag och utse en ordförande i varje lag samt fördela alternativt lotta debattämnen till lagen. Denna fördelning av ämnen kan också inbegripa vilket lag som skall argumentera För (F) respektive Emot (E). Grupperna skall under den kommande veckan bygga upp sin argumentation. För-sidan argumenterar för en viss sak och skall bevisa för åhörarna att deras syn på ämnet är den riktiga. Emot-sidan vederlägger För-sidans argument och introducerar sina argument mot ståndpunkten för att bevisa att deras syn är den rätta. För-sidan måste också i sin tur avfärda Emot-sidans argumentation.

Till sitt förfogande har varje 4-mannalag 12 minuter att fördela valfritt mellan talarna. Varje medlem kommer att tala endast en gång och då varje sida har genomfört sin argumentation återstår 5 minuter för korsförhör. Varje debatt tar alltså 12 + 12 + 5 minuter att genomföra. Om grupperna består av 3-mannalag är tiden 10 + 10 + 5 minuter

Uppgifter för talarna i respektive lag:

F1 skall

- definiera ämnet som debatten gäller
- göra ett klart ställningstagande för sakfrågan
- introducera de argument som gruppen kommer att utveckla.

E1 skall

- kort och kärnfullt introducera den motsatta synen på ämnet
- acceptera, modifiera eller förkasta F1:s definition av ämnet
- bemöta argument från F1
- introducera de argument som gruppen kommer att utveckla.

F2 skall

- bemöta E1:s argumentation

- utveckla sina egna argument
- sammanfatta debatten så långt utifrån F-sidans synvinkel.

E2 skall

- bemöta F:s argumentation
- utveckla sina egna argument – sammanfatta debatten så långt utifrån E-sidans synvinkel.

F3 och E3 har samma uppgifter som F2 respektive E2.

F4 skall

- bemöta E-sidans argumentation
- summera fördelarna med egna sidans argument
- jämföra fördelar och nackdelar mellan grupperna
- hålla en förberedd slutplädering där F-sidans argumentation framställs som klart vinnande.

E4 skall

- bemöta F-sidans argumentation
- summera fördelarna med egna sidans argument
- jämföra fördelar och nackdelar mellan grupperna
- hålla en förberedd slutplädering där E-sidans argumentation framställs som klart vinnande.

Under korsförhöret som totalt tar 5 minuter får talarna ställa korta frågor till namngiven motståndare som får ge ett kort svar. Ett snabbt bollande av frågor och svar ger en utmärkt möjlighet att följa upp tankegångar och avslöja brister i motståndarnas argumentation. Läraren sitter under hela debatten som ordförande och ansvarar för tidtagning och att inläggen i korsförhöret är korta frågor och svar.

5. Improviserad debatt

Ämnesområden kan hämtas från elevernas egen vardag, aktuella diskussioner på orten eller globala frågor. Debattämnet, tesen, kan återkomma i flera övningar med olika fokus. Det tydliggör också för eleverna hur annorlunda debatter blir då de förbereds noggrant.

Alla skriver upp tänkbara debattämnen på lappar och lägger dessa i en korg. Dela in gruppen i par. Varje par bestämmer vem som skall var för respektive emot ett visst ämne, en tes. Varje par får dra en ämneslapp och direkt börja debattera.

De får debattera en stund mot varandra i paren och därefter dra en ny lapp och växla vem som är för respektive emot. Detta är en enkel debattövning som underlättar för alla att få igång talflödet.

6. Fri debatt med två debattledare

Låt två elever få läsa på bakgrund, fakta och argument i ett bestämt ämne. De ska sedan leda en debatt med hela klassen, presentera ämnet, få igång debatten, leta faktafel i kamraternas argumentation och rätta till dessa, se till att åsikterna polariseras så det blir en riktig debatt.

Utvärdera sedan debatten tillsammans med debattledarna.

15

OFÖRBEREDDA TALARES KLUBB

---

1. Beskriva föremål 1
2. Tre minuter
3. På minuten
4. Ordgömma
5. Rita efter beskrivning
6. Porträtt
7. Associationskedja med variation
8. Stafettsaga
9. En alfabetshistoria
10. Häng med!
11. En kropp – en röst
12. Bildhistorier med variation
    A. En historia med slut
    B. En historia med klös
    C. En historia med fart
13. Prylpåsen – en annan historia
14. Allt går!
15. Tidskapsel
16. Vykortsminne ur olika perspektiv
17. Rollspel med observatör
18. Tala i tomrum
19. Vem där?
20. Cliffhangers
21. Fortsättning följer …
22. Lyssna och improvisera
23. Lögn och förbannad dikt
24. Rollspel
25. TV-såpa
26. Alla sinnen i fokus
27. Resa i fantasin
28. Beskriva föremål 2
29. Gruppsaga

Oförberedda talares klubb – OTK

Författaren och radiomannen Gösta Knutsson gjorde på 1940-talet många populära underhållningsprogram i radio. Till sin "Oförberedda talares klubb" inbjöd han gäster som fick visa sin förmåga att helt utan förberedelser tala utifrån ett givet ämne i tre till fem minuter. Detta program blev mycket uppskattat eftersom Gösta Knutsson hade förmågan att hitta rätt personer för denna typ av program. Han fann kvicka och roliga människor som kunde "störtprata" kring ett ämne och väva in humoristiska inslag.

OTK har blivit ett begrepp för alla oss som arbetar med lekfulla talövningar i skolan. I många år har jag själv inom ramen för muntlig framställning arbetat med sådana övningar. Från början var de för mig i huvudsak ett medel att locka fram talflöde och med många skratt överbrygga eventuell talängslan.

Många av alla dessa gamla väl beprövade övningar i OTK fyller en viktig funktion i en systematisk talträning där de varvas med taluppgifter som eleverna förbereder hemma. De belyser många aspekter av talekonst, kommunikation och lyssnande och bör följas upp av ett samtal kring: Vad har vi gjort? Vad har vi lärt oss? Vad väcker detta för tankar?

Allt eftersom deltagarna utvecklas kan dessa övningar göras om och varieras med växande svårighetsgrad. De efterföljande samtalen blir då en hjälp för dem att se sin egen progression.

Några av nedanstående övningar finns i andra varianter i de tidigare kapitlen men alla övningar kan upprepas och varieras många gånger och ändå bidra till gruppens och enskilda gruppmedlemmars träning och utveckling.

1. Beskriva föremål 1

Bilda grupper om 8–10 personer. Nu skall alla beskriva ett föremål i detalj, utan att ha sett det och utan att nämna något om dess funktion, på ett sådant sätt att kamraterna för sin inre syn kan föreställa sig föremålet. En i taget håller händerna bakom ryggen och får av läraren ett föremål i sin hand som han/hon sedan beskriver för de andra.

Svårighetsgraden går att variera med typen av föremål. En kam, en penna eller en nyckel kan följas av ett gem, en klädnypa eller något annat mer komplicerat att beskriva. Om kamraterna inte kan gissa föremålet får de ställa frågor tills dess de knäcker nöten.

Kommentar:
Det är viktigt att den som talar får göra detta ostört, utan avbrott och frågor från de andra, dels för att få tala till punkt, dels för att få uppleva svårigheten i det monologiska talet. Detta är en övning i att få upp talflödet och en övning i att vara exakt. De får här uppleva hur svårt det kan vara att överföra en egen inre bild till andra utan samtalsstöd i form av t.ex. direkta frågor.

2. Tre minuter

I grupper om fyra bestämmer man vem som skall vara nummer ett, två, tre och fyra.

Be en av ettorna att från en korg dra ett kort med ett ämnesområde att tala om. Man läser högt för de andra i gruppen vad som står på kortet. Nu skall alla ettor i respektive grupper under tre minuter prata kring det givna ämnet. De andra tre i gruppen skall hjälpa och stödja ettan att hålla igång genom frågor och uppmuntran. Det är gruppens gemensamma ansvar att ettan kan tala i tre minuter.

Du bryter efter exakt tre minuter och sedan är det en tvåas tur att dra ett kort och därefter skall alla tvåor prata kring ett nytt ämne i tre minuter. Du bryter igen efter tre minuter osv.

Tänkbara ämnesområden att skriva på korten:

- TV-program
- En musikupplevelse
- Teknikutrustning
- Sommar
- Studentexamen
- Tidningar
- En perfekt dag
- Muskler
- En resa
- Syskon
- Vinter
- Vänner
- Datorer
- Midsommarfesten
- Kärlek
- Sport
- Jesus
- Höst
- Bilar
- Sömn
- Tåg
- Kräldjur
- Hälsa
- Vår
- Böcker
- Jul

3. På minuten

Skriv upp ämnen på lappar med rubriker från t.ex. radioprogrammet "På minuten". En elev får dra en lapp med en rubrik och går ut i korridoren under fyra minuter för att tänka igenom sitt ämne och välja dispositionsmodell. Elev 2 får dra en egen lapp då elev 1 kommer in för att tala i 2–3 minuter.

Då elev 1 har talat får hon kort kamratrespons. Under tiden elev 1 redovisar står alltså elev 2 i korridoren och tänker över sitt ämne. Det betyder att varje elev får samma tid till förberedelse och redovisning och alla får tillfälle att välja lämplig infallsvinkel.

4. Ordgömma

Gör i ordning kort med olika ämnen att tala om (korg 1) och kort med substantiv (korg 2) att gömma i berättelsen. En person i taget får dra ett kort med ett givet ämne, t.ex. "När jag gick vilse på Åhléns" och ett annat med ett substantiv. Hon skall tala fritt om ämnet i max två minuter och dessutom skall hon i berättelsen smyga in substantivet, t.ex. "vinkelhake". Deltagarna får när max två minuter gått gissa vilket ord berättaren försökt få in i berättelsen på ett omärkligt sätt.

Kommentar:

En svår men rolig övning, där de flesta blir mycket skickliga i att på ett övertygande sätt väva in vardagliga, men för situationen irrelevanta ord. Det är viktigt att ingen får gissa förrän talaren har avslutat sin berättelse.

5. Rita efter beskrivning

Deltagarna bildar 4-mannagrupper. Tre av dem skall hålla sina kollegieblock vinklade så att ingen kan se vad de ritar. Den fjärde får ett kuvert med en bild med geometriska figurer i ett komplicerat mönster eller gärna ett vykort med abstrakt konst, av t.ex. Picasso eller Dalí. De skall nu beskriva bilden så exakt att de tre andra kan skissa motsvarande bild i sina block.

De som lyssnar får inte ställa några frågor, utan bara rita utifrån instruktionen. När berättaren anser sig vara klar med sin beskrivning, får de jämföra sina teckningar med originalbilden.

Kommentar:
För att detta inte ska bli en konst i att rita utan i att beskriva och lyssna, är det viktigt att hålla sig till abstrakta bilder. Övningen visar hur svårt det är att vara så exakt i en beskrivning att alla får liknande inre bilder, i synnerhet när kommunikationen är enkelriktad.

Innan de byter roller bör de diskutera erfarenheterna de har gjort, för att på så sätt bli medvetna om vad åhörarna har för behov i olika situationer. Vid gruppens fjärde och sista beskrivning har alla fått en klar bild av kraven på en talares exakthet och en åhörares uppmärksamhet.

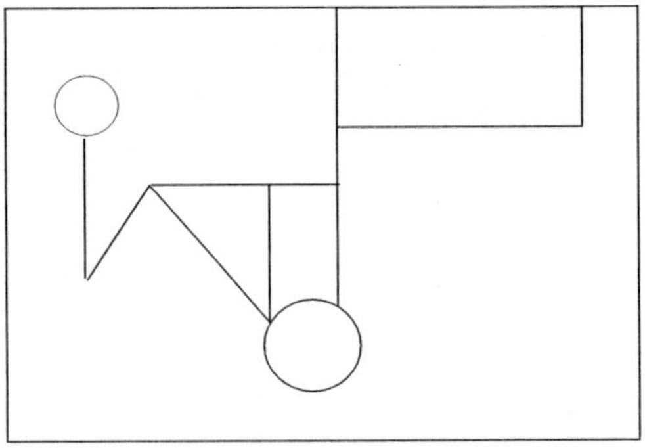

Den här övningen kan varieras genom om man låter deltagarna arbeta med Lego/Duplo eller bilder. De får två identiska uppsättningar klossar/bilder. Person A bygger en staty/lägger ett mönster av bilder utan att visa för sin partner och A skall allteftersom beskriva statyn/mönstret så att partnern B kan åstadkomma en kopia.

Man kan gå tillväga på tre sätt:

1. Person B, som skall bygga, får inte fråga något, bara tyst följa instruktioner när A beskriver sin modell.
2. Nu skall B ställa frågor och A kan ta om sin beskrivning hur många gånger som helst, tills båda är nöjda.
3. A får bara svara på B:s frågor. A ger alltså ingen beskrivning, utan B måste ta initiativet med hjälp av frågor för att kunna bygga upp modellen.

6. Porträtt

Utgångspunkten för deltagarnas fria berättande kan i den här övningen vara en samling bilder på personer hämtade från tidningar och tidskrifter, alternativt vykort med personporträtt från konstmuseer. Var och en får dra en bild från en hög av bilder och alla skall försöka leva sig in i vem personen på bilden är. Tysta under några minuter skriver de ner nyckelord som stöd för minnet. Presentationen av personporträtten sker i 4-mannagrupper och de skall vara fyllda av detaljer som om berättaren känner "sin person" mycket väl. Som hjälp kan man ge följande startfrågor:

- Vem är detta?
- I vilken tid och var lever hon?
- Hur känner hon sig just nu?
- Vad har hon gjort idag och vad ska hon göra i morgon?
- Vad har hon för framtidsdrömmar?
- Vad vet du mer om henne?

De tre som tyst lyssnar, skall direkt efter beskrivningen av personen ställa var sin fråga som, när talaren svarar, utvidgar och förfinar bilden av personen.

Kommentar:
Frågorna är viktiga dels för att talaren skall få känna sig hörd, men också för att skärpa åhörarnas uppmärksamhet på vad de saknar i berättelsen. Denna direktrespons från de andra deltagarna ger talaren en uppfattning om vad individer i en åhörargrupp har för olika förväntningar och visar på svårigheterna att tillfredsställa individuella behov.

7. Associationskedja med variation

Alla sätter sig i cirklar, max 16 i varje. De får ett ord att starta en associationskedja utifrån. För att kedjan skall löpa snabbt utan avbrott måste alla lyssna uppmärksamt på den som talar och inte planera eget inlägg eftersom associationerna kan vandra iväg helt oförutsägbart: Grädde – katt – allergi – sprutor – vaccination – Mallorca ...
En variation är att varje deltagare får säga en mening i taget och att nästa deltagares mening skall inledas med det sista ordet i föregående mening. Det får bli hur tokigt som helst: *Jag gillar glass. Glass blir man fet av. Av honom kan man få vilket svar som helst. Helst skulle jag vilja ...*

Kommentar:
Dessa associationskedjor skärper inte bara koncentrationen utan fungerar mycket bra som inledning eller avbrott i samband med andra övningar om man vill få igång allas talflöde och skapa en avspänd atmosfär.

8. Stafettsaga

Sitt i en cirkel, max 16 deltagare i varje. De får en startmening och skall med bara ett ord föra berättelsen framåt. Berättelsen kan vandra runt i cirkeln i flera varv och avslutas inte förrän den fått ett övertygande slut.

En morgon då jag ... vaknade ... försent ... så ... förstod ... jag ... att ...

9. En alfabetshistoria

Dela in deltagarna i grupper om sex eller för ökad svårighetsgrad större grupper. Gruppen sätter sig i en ring. Övningen går ut på att alla gemensamt i gruppen skall berätta en historia. Var och en bidrar med en mening i taget, varken mer eller mindre. Enda begränsningen är att första bokstaven i varje mening följer alfabetisk ordning. Första berättaren säger en mening som börjar på A, nästa på B, följande berättare börjar sin mening på C osv. Historien måste avslutas när den kommer till sista bokstaven i alfabetet.

Kommentar:

Ni kan utesluta svåra bokstäver som Z och X.

Alla barn älskar glass
Bara somliga får glass
Citroner är inte lika populära
Det kan man ju förstå

Ack om jag hade 10 000 kronor
Biobesöken skulle bli många
Censurerade filmer är undantagna
Det är faktiskt synd

10. Häng med!

Fyra personer åt gången ställer upp sig rakt framför dig på en rad bredvid varandra. De skall tillsammans berätta en historia till vilken de bidrar en i taget. Du ger dem en startmening och pekar tydligt på den person som skall börja tala. Du avbryter den personen och ger ordet vidare genom att tydligt peka på nästa slumpvis utvalda talare av de fyra.

Det gäller för alla att hela tiden koncentrerat lyssna på historien som växer fram för de kan aldrig veta när de ombeds tala och får ordet. Missar de att direkt ta upp tråden i historien är de ute och tar ett steg bakåt ut ur ledet och den som står sist kvar har segrat.

11. En kropp – en röst

Två personer (A+B) bildar en "kropp" genom att de t.ex. fattar armkrok eller håller varandra runt midjorna. De skall möta ett likadant par (C+D) som också utgör en "kropp". Paren får gå in i varsin roll, A+B är en person och C+D en annan. Person A+B skall nu tala samtidigt med en röst, som om de vore en person: Jag mår ...

De två i paret "lyssnar av" varandra med ögonen, försöker förutse vad rollfiguren säger i en viss situation. De försöker känna och se vad partnern tänker säga och talar unisont. Person C+D är den andra personen i dialogen och skall göra samma sak: *Jag tycker synd om dig* ... De två rollfigurerna, de fyra personerna, får inte lämna scenen förrän händelseförloppet har fått en naturlig upplösning.

En bra inledningssituation är att låta den oroliga, vid det här laget arga, tonårsföräldern (A+B) ta emot sin dotter (C+D) som kommer hem flera timmar för sent på fredag kväll. Alla deltagare känner väl till situationen och vet exakt hur en pappa/mamma respektive tonåring uttrycker sig här. Andra situationer är t.ex. när en notoriskt busig elev blir inkallad till en lätt hysterisk rektor eller när en virrig bilist stoppas av en nitisk polis.

Kommentar:
Detta är en bra övning i att få agera inför gruppen tillsammans och i samspel med någon, samtidigt som publikens uppmärksamhet främst är inriktad på situationens upplösning och inte på de individuella aktörerna.

12. Bildhistorier med variation

Klipp bilder ur tidskrifter, förstora vykort och diverse småbilder helt utan sammanhang. Konstbilder och illustrationer till olika typer av texter fungerar mycket bra. De skall gärna vara mångtydiga och tankeväckande, väcka fantasin och leda till diskussioner.

A. En historia med slut
Dela in alla i grupper om 6–12. Ju större grupper desto svårare blir övningen. Alla sätter sig i ring i sin grupp. Var och en drar en bild, som de granskar under en kort stund och inte visar för någon annan. Gruppens gemensamma uppgift är att berätta en historia. Var och en bidrar med sin del till historien med den egna bilden som utgångspunkt.

Du bestämmer vem som skall börja berätta. Den som berättar håller upp sin bild så de andra i gruppen kan se den. Personen berättar så länge den vill. Därefter går ordet till personen som sitter till vänster om den första att fortsätta berättelsen osv. Det är alltså omöjligt att planera vad man ska säga i förväg. Berättelsen kan ta vägen vart som helst. Sista personen i ringen skall avsluta berättelsen på ett övertygande sätt.

B. En historia med klös
Skapa 6-mannagrupper och kopiera upp 5–7 olika bilder i lika många exemplar som du har grupper. Varje grupp skall få en identisk bunt med bilder. De får nu 20 minuter på sig att skapa ett synopsis, dvs. en sammanfattning av innehållet i en film, vilket illustreras av bilderna. Samtliga bilder skall ingå, gruppen bestämmer ordningsföljd och skall försöka komma med förslag till en lönsam filmproduktion.

Alla i gruppen skall delta i redovisningen inför alla deltagare och denna redovisning får se ut hur som helst. Gruppen röstar sedan fram det förslag till filmsynopsis de tror skulle locka flest biobesökare.

C. En historia med fart
Mer berättande i ring: dela ut bilder, fotografier, tidningsbilder, konstbilder. Dra en själv, visa bilden för övriga deltagare, och inled en berättelse utifrån din bild. ”Igår …” ”Det bor …” Tala i några minuter, lämna ordet till den till vänster. Ge nästa deltagare en början till en mening som ska avslutas men nu utgå från en egen bild som visas för resten. Man får säga pass om det låser sig men alla ska försöka få flyt i berättelsen även om den blir ganska absurd. Berättelsen ska utvecklas dramatiskt och efter ett tag får den som inte kan fortsätta den påbörjade mening, som hon får, stiga åt sidan. Slutligen kvarstår en enda berättare som får avsluta historien.

13. Prylpåsen – en annan historia

Gruppen delas in i 4-mannagrupper och varje grupp får en påse med 5–6 hopplockade föremål t.ex. plåster, fimp, biobiljett, nyckel, kam, klädnypa, skruv, gem, klubbnål och tvål. Alla påsarna har olika innehåll. Varje grupp får ca 20 minuter på sig att konstruera en påhittad historia där alla föremålen fyller en funktion. Samtliga i gruppen skall delta i redovisningen och denna skall vara livfull, entusiastisk och gärna lite tokig.

14. Allt går!

Alla får ett A4-papper och du säger till dem att skriva: 1. Talaren är ... Därefter skall de tyst hitta på vem talaren är, t.ex. en 20-årig punkare.

Därefter viker alla pappret en gång så att det inte syns vad det står. Alla skickar det vikta arket ett steg till vänster alt bakåt/framåt och nu skriver alla: 2. Åhörarna är ... De hittar nu på en tänkt publik, t.ex. en grupp stugägare i koloniområdet.

Nu viker alla pappret ytterligare en gång så att inget av vad som står där syns. Alla papper skickas ett steg till och nu skriver alla: 3. De tre substantiven är ... Var och en hittar på tre substantiv som skall in i talet, t.ex. skohorn, ost och fjärrkontroll.

Alla papper skickas en sista gång vidare. Alla har nu ett hopvikt papper, som de själva inte har skrivit något på.

En frivillig får nu ta sitt papper och gå ut i max två min för att läsa sin instruktion och tänka ut en strategi. När han sedan kommer in skall han få oss alla att förstå vem han är, vilka vi är och kort tala till oss så att han på något sätt lyckas få med sina tre substantiv. Han kan antingen presentera sig och tilltala oss direkt eller via omskrivningar och antydningar få oss att förstå detta indirekt.

När person ett talar till oss går person två ut och förbereder sig. Förberedelsetiden kan alltså variera, men begränsa gärna talet till max två minuter.

Kommentar:
Åhörarna skall inte ha någon gissningstävling om vilka de tre substantiven var, så talaren behöver inte anstränga sig att gömma dessa. Men ibland väver de in dem så skickligt att de andra spontant börjar gissa. Denna övning kan göras ännu svårare genom att en fjärde aspekt nämligen ämnesval/syfte anges i premisserna.

15. Tidskapsel

Ni har blivit utvalda att bidra med förslag till vad som ska läggas in i en tidskapsel, som inte skall öppnas förrän år 2200. Brodera gärna ut din introduktion av uppgiften och gör den så spännande och realistisk som möjligt.

Alla skall i grupper bestämma vilka tio saker de vill välja som typiska för vår tid. De skall vara överens om alla tio sakerna och kunna motivera varför de valt det ena eller det andra.

Låt grupperna föra upp sina tio saker i spalter på tavlan. Via omröstningen får de komma fram till vilka de tio viktigaste sakerna är. Denna slutgiltiga lista blir då hela gruppens gemensamma lösning.

16. Vykortsminne ur olika perspektiv

Lägg ut vykort på golvet. Det kan vara fotovykort i svart-vitt som man har hemma eller kan beställa från olika förlag. Låt alla välja ett som säger något om dem själva eller påminner om något de varit med om eller något minne av annat slag.

Dela in dem två och två och ge instruktionen att berätta för varandra vad de tänkt på. När alla är klara ombeds den ena i paret berätta vad partnern sagt med ungefär samma ord.

Låt ordet gå över till den som ”äger” historien och minnet. Låt nu honom/henne berätta men med många detaljer och sinnesintryck som ger närvaro och känsla genom att under historiens gång hålla upp lappar där det står “syn”, “hörsel”, “lukt” etc. Den berättande ska då låta minnet/historien innehålla ett synintryck etc. Man kan försvåra det ytterligare genom att hålla upp lappar med ord på färger och kanske adjektiv och/eller verb som ska in i historien.

Blev den minnesvärd, lyckades berättaren skapa inre bilder hos lyssnaren? Vad skiljer den första versionen från den andra? Diskutera i helgrupp.

17. Rollspel med observatör

Bilda 4-mannagrupper. Utse i gruppen en problemlösare, en problemställare och en observatör. Problemställaren berättar om ett problem som t.ex. kan vara: relationer i skolan, mobbning, dålig kontakt med en lärare, orättvisa betyg etc.

Problemställaren berättar om problemet, problemlösaren tränar på att hitta lösningar genom att lyssna, ställa öppna frågor: när, hur, var, vem, vilka … Ingen fråga får ställas som kan besvaras med ja/nej. Kan man få den som presenterar problemet att själv komma på en lösning?

Observatören iakttar och berättar efter fem minuter vad som skulle kunnat göras annorlunda.

18. Tala i tomrum

Pröva hur det känns att tala utan att få feedback genom att framföra en telefonscen i basgruppen. Den som pratar får ingen feedback under telefonsamtalet. De andra studerar reaktionen hos den som talar för döva öron, vad han säger, hur han frågar, ber om respons. Diskutera i gruppen vad som hände och vilka slutsatser gruppen drar.

19. Vem där?

Beskriv en person från ett foto eller en tidningsbild för varandra i tvåmannagrupper. Välj gärna helbild. Träna att använda och berätta med hjälp av liknelser och metaforer. Låt sedan den som inte sett bilden försöka rita av den som beskrivits. Streckgubbar går bra, man kan markera det väsentligaste ändå. Visa den ursprungliga bilden och diskutera varför man uppfattade den beskrivna personen som man gjorde.

20. Cliffhangers

Deckare, TV-serier och andra dramatiska historier arbetar med att få läsarna/tittarna extra intresserade att läsa vidare eller titta på nästa avsnitt genom att avsluta varje del med en cliffhanger.

Låt alla arbeta i grupper med att komma på intresseväckande övergångar i någon av de gruppredovisningar som de arbetat med tidigare. Respektive grupp redovisar tillsammans och vid varje byte av talare skall de lägga in en cliffhanger för att höja intresset att lyssna vidare.

21. Fortsättning följer ...

Skriv tillsammans i smågrupper varsin cliffhanger på en scen som handlar om t.ex.

- Vad som händer när en man är på väg att fria till sin älskade ...
- Vem som avslöjar sig vara en pappa till en pojke som fått veta att ...
- En VM-match mellan två starka konkurrenter som strider på liv och död ...
- Någon annan dramatisk situation.

Låt scenen sluta med en cliffhanger. Spela upp alstren i storgrupp. Diskutera vilken cliffhanger som var mest effektiv och varför.

22. Lyssna och improvisera

Dela in deltagarna i smågrupper. Varje grupp får en tidningsbild som läraren klippt ut. Med hjälp av en talarpinne, som kan vara en penna eller en linjal, pekar en av gruppmedlemmarna på en av de andra i gruppen. Den person som blir utpekad börjar berätta om bilden. Den som håller i pinnen pekar på nästa person när som helst och den måste fortsätta historien direkt mitt i meningen.

23. Lögn och förbannad dikt

Detta är en presentationsövning med sanningar och lögner. Alla förbereder en kort presentation av sig själv, namn, intressen, bostad, familj, framtidsdrömmar men i presentationen ska även en lögn ingå. Efter varje presentation får gruppen gissa vad det var som var lögn. Märktes det på berättaren, var lögnen osannolik, stack den ut i historien?

24. Rollspel

Att mötas i samtal som en vuxen, en förälder/lärare eller ett barn är helt olika roller som vi alla växlar mellan. Försök i rollspel låta alla växla mellan de olika rollerna, föräldern/läraren som vill vara förnuftig, saklig och håller sig till regler.

Den vuxne ställer frågor för att komma fram till rätt beslut och är ganska kontrollerad, medan barnet är spontant, impulsivt, kreativt, lekfullt men också mer självupptaget och egoistiskt jämfört med de andra två.

25. TV-såpa

I TV-såpor måste varje replik bära handlingen framåt. Säg till deltagarna att skriva en scen med en dialog för två personer där varje replik måste föra framåt i handlingen. Läs upp eller spela upp för hela gruppen.

Scenerna kan vara: ett syskon som retar sin bror / syster, en förälder som förbjuder sin dotter/son att gå på en fest, ett ungt par som inte kommer överens om vilken soffa de ska köpa på IKEA, en chef som befaller den anställde att arbeta över.

Efter ett tag byter man roll och prövar på den andra sidans sätt att tala och känna.

26. Alla sinnen i fokus

Be alla att blunda. Säg till att de ska tänka sig att de är hemma i sitt sovrum/vardagsrum. Frågorna svarar de inte på utan tänker svaren inom sig. Vad ser de? Vad ligger på bordet/skrivbordet? Stå mitt i rummet och snurra runt och se rummet med hjälp av inre bilder. Beskriv golvet, färg och material. Vilken färg finns på väggarna, hur ser tapeterna ut? Är det smutsigt, ser du något speciellt? Gå runt i rummet, hoppa i sängen, klättra på stolarna. Hur känns det under fötterna?

En apelsin ligger kvar på skrivbordet. Känn på ytan. Lukta på den. Håll den i handen och känn hur den känns att hålla i. Börja skala apelsinen. Ta en tugga. Hur smakar den?

Låt eleverna sitta två och två och berätta för varandra vad de såg, hörde, kände och hur det luktade och smakade.

27. Resa i fantasin

Jobba i par. Den ene berättar en historia för den andre som blundar och hela tiden försöker känna efter med alla sinnen hur det känns, luktar, ser ut, ljud etc.

Du sätter dig i bilen, vädret är vackert, kanske lite för varmt, du startar motorn och kör iväg ut på landet. På en enslig grusväg som luktar tall och bensin flaxar plötsligt något stort och svart framför vindrutan. Du lyckas bromsa men nu vill bilen inte starta. Du går ut ur bilen. Vad ser du på vägen? Beskriv? Vad eller vem stoppade dig? Vad gör du?

Den som leder övningen försöker komma på många frågor om sinnesintryck och problemlösning tills den som varit med om äventyret är hemma igen. Övningen skärper framförallt koncentrationsförmågan och lyssnandet.

28. Beskriva föremål 2

Sitt två och två vända mot varandra. Bakom den ena ställer man ett föremål, en sak. Den som sitter vänd mot föremålet beskriver det under två minuter och måste göra det genom att använda de fem sinnena och en liknelse eller metafor för varje sinne.

Be dem titta noga på föremålet men vara noga med att hålla ögonkontakt med sin partner när de talar. Man kan t.ex. använda en gammal mössa , en ljusstake, en cd-skiva, en frukt ...

29. Gruppsaga

Gruppen ställer sig på rad. Första personen börjar med att berätta en saga eller historia: ”Det var en gång en fattig skomakare” etc. Nästa person i kön fortsätter sagan med en egen mening och den första personen ställer sig sist osv. Alla säger en mening som fortsättning i samma ordning som de står, sagan ska flyta och när någon inte kan eller hakar upp sig får personen gå ur ledet. När det bara är tre kvar får de bara säga ett ord var och skapa mening i sagan. Den som till slut blir ensam kvar ska avsluta sagan med en typisk sagoknorr.

Alfabetiskt register över övningarna